智能制造下的生产性服务外包和人才能力模型研究

曹纪清　著

中国原子能出版社

图书在版编目（CIP）数据

智能制造下的生产性服务外包和人才能力模型研究／曹纪清著．
-- 北京：中国原子能出版社，2020. 5 (2021.9重印)

ISBN 978-7-5221-0553-6

Ⅰ．①智…　Ⅱ．①曹…　Ⅲ．①智能制造系统-生产服务-对外承包-研究-中国 ②智能制造系统-人才培养-研究-中国　Ⅳ．①F426. 4

中国版本图书馆 CIP 数据核字（2020）第 075094 号

智能制造下的生产性服务外包和人才能力模型研究

出版发行　中国原子能出版社（北京市海淀区阜成路 43 号　100048）
责任编辑　胡晓彤
责任校对　鹿小雪
印　　刷　三河市明华印务有限公司
经　　销　全国新华书店
开　　本　787mm×1092mm　1/16
印　　张　11. 75
字　　数　220 千字
版　　次　2020 年 5 月第 1 版　2021 年 9 月第 2 次印刷
书　　号　ISBN ISBN 978-7-5221-0553-6　**定　价**　58. 00 元

网址：http：//www. aep. com. cn　　E-mail：atomep123@126. com
发行电话：010-68452845

序　言

3.0 时代中国服务外包产业面临的挑战和机遇

服务外包本质上是信息技术驱动下社会生产组织方式变革的产物，与以业务对象为划分标准的传统行业不同，具备融合发展的自然属性。随着信息技术向其他领域的不断渗透，越来越多的行业领域及产业链、价值链的服务环节细分化、模块化、产品化，实现了供需分离，服务可贸易性提高。从业务实践上来看，服务外包迅速向垂直行业深度拓展，跨界融合成为产业发展的突出表现。面对激烈的市场竞争，服务供应商不仅要具备软件及信息技术服务能力，行业经验和知识日益成为满足客户需求的前提和基础。

中国外包的国际身份开始转变。自 2006 年启动“千百十”工程以来，中国一直以“接包方”身份处于全球服务外包价值链中。近些年，中国经济以消费驱动、服务业占据主导的发展模式推动中国产业面向全球市场整合人才、技术、资本等优质资源，中国服务外包由“接包方”向“接发包并重”的身份转变。同时，欧美的贸易保护主义和信息安全等因素也日益为全球服务外包带来了负面影响，传统的离岸外包的业务越来越受到国际服务外包大环境的负面影响。另外一方面，新一代信息技术产业、生物医药与生物制造产业、智能制造产业、新能源产业等迎来重大发展机遇。随着中国制造 2025、互联网+、人工智能、区块链、一带一路和现代服务业等新型技术和国家战略谋划的深入推进，我国服务经济加速发展，国内服务需求潜力释放和营商环境优化将为服务外包在岸业务、特别是在制造业服务领域的发展提供强有力的支撑。这些国际、国内发展的新形势既是我国服务外包产业的转折点，也是服务外包产业转型升级的新的机会。

目前，国内对于智能制造下的生产性服务的研究可谓是凤毛麟角，有关智能制造生产性服务人才能力模型及其人才培养更是一片空白。在此背景下，苏州工业园区服务外包职业学院的曹纪清副教授的研究成果——《智能制造下的生产性服务及人才能力模型研究》，立足于服务外包 3.0 时代的转型，首先梳理了“中国制造2025”生产性服务与服务外包、服务贸易、现代服务业和服务型制造之间的内在的联系，可以帮助政府相关管理部门在制定和出台相关产业政策时，通盘考虑政策的协调性、互补性及完备性。一些地区在制定服务外包产业发展规划时，应根据本地区生产性服务业发展水平，对本地区如何发展服务外包产业进行合理定位；制定和出台促进企业进行服务外包的配套政策，有利于促进本地区生产性服务业的发展，进而有利于提升本地区承接服务外包的能力，促进本地区服务外包产业的发展。

本书最重要的成果是参考人力资源行业的能力胜任模型（Competency Model）建模方法和模型架构，对生产性服务典型目标岗位（如系统运维、物流与仓储、工业软件开发、管理会计和工业设计等）进行了能力建模。基于能力模型，本书进一步研究了对应专业的课程设置，参考《中国制造2025人才培养指南》《职教20条》和《德国职业教育4.0》等最新职教理念和指导，建立了新的人才培养方案，对原有传统服务外包人才培养方面提出改革建议等。本书对高校服务外包及智能制造服务人才培养、以及智能制造企业员工培训等都有一定的参考价值。

苏州大学　乔桂明教授　博士生导师

2019年9月19日

目录
CONTENTS

1 绪 论

1.1 核心概念及其界定

本书研究智能制造下的生产性服务与服务外包、服务贸易、现代服务业和服务型制造的关系，以及对应生产性服务人才的能力需求、人才培养方案及其实践。智能制造指满足中国制造 2025 及德国工业 4.0 的标准要求及其成熟度能力模型定义的制造新形态。

生产性服务（ProducerService）是指为保持工业生产过程的连续性、促进工业技术进步、产业升级和提高生产效率提供保障服务的服务行业。国务院于 2014 年专门发布了《国务院关于加快发展生产性服务业促进产业结构调整升级的指导意见》，扩大研发设计、节能环保、信息技术、金融保险、第三方物流、商务咨询、品牌建设等生产性服务发展是制造业转型升级和高质量发展的需要。如何通过深化生产性服务发展和人才培养，促进我国生产性服务业向专业化发展和价值链高端延伸，以推动我国制造业向高级化、服务化方向发展，是实现“中国制造”高质量发展亟待解决的现实问题。而智能制造下的生产性服务更有其基于新一代 IT 技术的特点，比如信息化、自动化和智能化，其人才培养方式也有其鲜明的特点，这与服务外包 3.0 的特点和发展趋势是紧密契合的，这也是研究的必要性之一。

从服务外包的内容看，服务外包产业是一种生产性服务业，即服务外包产业属于生产性服务业的范畴。根据我国《国民经济行业分类》（GB/T4754—2002），服务外包业务都属于服务业的范畴。服务外包实际上可以看作通过外包这一特定的交易方式实现的特殊国际服务贸易。或者从产品内分工视角观察是以服务工艺流程为交易对象发生的特殊的国际服务贸易。生产性服务业主要包括金融保险业、房地产业、信息咨询代理服务业、计算机应用服务业、科学研究与综合技术服务业、商务服务业等，可见服务外包业务同样属于生产性服务业的范畴。

本书中涉及的能力和能力模型主要是基于人力资源领域的“能力素质胜任模型”的描述。能力分为典型工作过程能力和典型工作活动能力两个层次，而能力又分为技能和知识两个类型。能力按照实际工作岗位的需求而描述，经过转换，基于这些能力可以开发对应的专业方向、课程体系和课程的具体内容。所以能力模型是人才培养的入口，也是企业员工培训和考核的标准。

“职教 20 条”是指 2019 年 1 月 24 日，国务院印发的《国家职业教育改革实施方案》，该《方案》首次把职业教育提到了与普通教育同等重要的位置，并提出具体指标、职业教育标准体系、多元办学格局、双师型教师队伍等措施和要求。这些是本书在设计人才培养方案时重要参考的部分。

“职业教育 4. 0”是“工业 4. 0 时代的职业教育”的简称，德国的“职业教育 4. 0”是职业教育在面对“工业 4. 0”新形势下做出的培养模式的改变，以适应德国工业和经济界未来对职业人员的新需求为导向。作为先进的制造业大国，德国的职教人才培养模式是本书设计人才培养方案的重要参考内容。

1. 2 研究的现状与价值

国内对于智能制造下的生产性服务的研究可谓是凤毛麟角，有关智能制造生产性服务人才能力模型及其人才培养更是一片空白。与本书研究的某个角度相关的研究如服务外包的转型、服务外包与生产性服务的关系、传统制造业生产性服务的特点和能力要求、中国制造 2025 下人才的培养模式及其改革以及具体的某个生产性岗位的培养模式等，则有如下一些研究。

2016 年 6 月的中国服务外包年会提出了对外包要紧紧围绕行业发展的最新现象展开，并列举了中国制造 2025、互联网+、移动互联网、云计算、大数据、物联网和创客等，新的技术不断触发了各行业的生产方式与管理方式的变革，服务外包必须追随当今经济发展的新常态。2017 年西南财经大学的姜凌提出了服务外包对我国制造业与服务业升级的作用机理，提出服务外包可以为制造企业提供优质、高效的各种生产性服务、使其能够专注于核心业务的发展，有利于我国制造业实现从低端向高端的升级，同时拓展现代服务业的种类和规模，壮大我国服务外包企业，实现我国第三产业从传统向现代的升级。2018 年华中科技大学的宋丹霞针对智能制造中的生产性服务业快速发展的背景，在对服务供应链内涵研究的基础上提出了基于服务外包视角的生产性服务供应链的基本模式，并从供应链结构、运营模式、供应链稳定性及供应链管理内容等方面对其特性进行了探讨。2016 年，东北财经大学的魏思敏提出了服务外包 3.0 时代的服务外包特点、发展趋势及应对策略。他指出云计算、大数据、物联网等新一代信息技术是服务外包 3.0 时代的特征，外包项目的业务特点和内容都与传统的有较大的变化，人才所需的能力也需相应的改进，另外，支持国内中国制造的发展将释放大量的外包机会，这将是服务外包 3.0 时代的主要外包内容之一。

2018 年上海理工大学的王成亮直接从智能制造的生产性服务业提出了生产性服务外包的概念，指出各生产性服务企业之间及其与制造企业在服务外包的交互中形成了以价值为纽带关系的网络。生产性服务外包的价值网络是在关系契约和网络规范的共同作用下，通过发挥规模经济和专业化优势，获得共同收益，降低边界成本，同时获得战略优势。2015 年，对外经济贸易大学的姜荣春研究了新常态下我国服务外包产业转型升级困境及其突破的路径，指出随着我国一带一路和中国制造 2025 战略等的逐步实施，这些国内的发展点必将成为服务外包新的增长点。同时指出传统的离岸外包的发展因为新的保护主义和成本等因素会越来越缓慢，对技术要求越来越高，这些都是我国服务外包产业转型升级的难点和困境，所以要利用中国制造 2025 和一带一路等的建设契机，扩大服务外包的新的领域和运营水平。

从上面现状可见，国内的研究还没有站在智能制造的高度对整个生产性服务及其人才培养进行整体研究和实践。本书内容正是基于前期新一代 IT 技术下的服务外包 3.0、服务外包人才模型、智能制造及其人才培养、智能制造下的生产性服务中的系统运维技术及其人才培养等环环相扣、逐步靠近的研究成果，站到一个新的高度，结合服务外包专业的转型，配合中国制造 2025 和一带一路等，梳理了服务外包与生产性服务、服务型制造、现代服务业和服务贸易的关系，对典型的智能制造生产性服务进行统一能力建模、建立对应的人才培养方案并付诸专业改革的实践，故此课题有一定的前瞻性和先行性，对高校服务外包及智能制造人才培养、以及智能制造企业员工培训、政府出台相关政策的协调统筹等都有一定的参考价值。

1.3 研究的目标、内容和重点

一、研究目标

本书研究的目标是，立足于服务外包 3.0 时代的转型，基于“中国制造 2025”及其生产性服务业的范围，识别适合高职层次的服务外包方向，特别对工业软件开发、系统运维、智能物流、管理会计和工业设计等典型生产性服务，研究其在智能制造行业的典型活动、技术与应用，以及研究这些岗位的能力需求并建立对应的能力模型，基于能力模型设计对应专业的课程体系和人才培养方案。

二、研究内容

基于这个目标，本书研究的基本内容分为三方面。

1. 研究中国制造 2025 下的生产性服务的特点

通过政府与行业信息研究、企业调研和企业访问工程师等方式，分析并整理中国制造 2025（智能制造）生产性服务（如工业软件开发、系统运维、智能物流、管理会计，以及工业设计等，正好对应课题组所在学校开设的典型服务外包专业）、服务型制造业等相关的行业标准、主流技术和对应工业应用软件等；研究生产性服务、服务型制造与服务外包的关系、区别和发展趋势等。

本书梳理了服务外包、服务贸易、现代服务业、生产性服务业和服务型制造之间的内在的联系，可以帮助政府相关管理部门在制定和出台相关产业政策时，通盘考虑政策的协调性、互补性及完备性。一些地区在制定服务外包产业发展规划时，应根据本地区生产性服务业发展水平，对本地区如何发展服务外包产业进行合理定位；企业服务外包的动机及实现过程是生产性服务业发展的重要推动力量，制定和出台促进企业进行服务外包的配套政策，有利于促进本地区生产性服务业的发展，进而有利于提升本地区承接服务外包的能力，促进本地区服务外包产业的发展。

2. 研究生产性服务人才的能力模型与人才培养方案

参考人力资源行业的能力胜任模型（CompetencyModel）建模方法和模型架构，对生产性服务业典型目标岗位（如系统运维、物流与仓储、工业软件开发、管理会计和工业设计等）进行能力建模，并基于能力模型研究对应专业的课程设置，参考《中国制造 2025 人才培养指南》《职教 20 条》和《德国职业教育 4.0》等最新职教理念和指导，建立新的人才培养方案，并对原有传统服务外包人才培养方面提出改革建议等。

3. 研究生产性服务人才培养的实践

基于本课题建立的能力模型、培养方案和改革建议，在课题组所在学院条件成熟的服务外包专业进行试验，按照培养方案和课程设置对原有的方案、课程体系和实训体系等进行改革试验；通过深入的校企合作平台，建立新型的数字化校内外实训环境、跨专业跨行业的师资体系等；针对不同的年级、不同的专业，不求一刀切，适合先行的原则进行逐步部署调整；一年后通过行业、企业和高校三方专家评审来检验其效果。

三、研究重点

1. 研究典型的生产性服务人才的能力模型

通过大量的企业调研，参考人力资源行业的能力胜任模型（Competency-Model）建模方法和模型架构，对生产性服务业典型目标岗位（如系统运维、物流与仓储、工业软件开发、管理会计和工业设计等）进行建模，建立各个岗位的能力字典。这是后续人才培养的入口，是课程设置和人才培养的重点。

2. 研究智能制造下的生产性服务人才的培养方案

基于能力模型，参考基于典型工作过程的课程开发方法，研究对应专业（方向）的课程设置，参考《中国制造 2025 人才培养指南》《职教 20 条》和《德国职业教育 4.0》等当前最新职业人才培养指南，研究智能制造下的生产性服务人才的培养方案等。这是后续人才培养转型改革和实践的参考依据。

1.4 研究的思路过程和方法

一、研究思路与方法

本课题主要的研究方法有：

1. 文献研究法

通过文献研究法研究包括《德国职业教育 4.0》《中国制造 2025 生产性服

务业》和《工业 4.0 信息系统能力模型》等一手资料，以及行业有关智能物流、管理会计、工业设计、工业软件开发和系统运维的政策、标准和业务流程等，以及人力资源能力胜任模型等方面的研究资料。

2. 调查法

通过企业访问工程师以及问卷面谈等方法，调研国家评定的两化融合示范企业和国际智能制造知名企业的信息系统、业务特点和生产性服务业目标岗位能力要求，以及他们目前还存在的问题和改进目标等。

3. 比较研究法

分别比较中国制造 2025 与德国工业 4.0 的联系和区别，比较智能制造与传统制造的区别，比较生产性服务、服务型制造和服务外包的区别，比较智能制造成熟度模型对信息系统的要求与传统信息系统的区别，比较德国职业教育 4.0 与中国职业教育的联系与区别等，来帮助最终确定中国制造 2025 下的服务外包专业的以及人才培养的模式的改革。

4. 建模法

参考人力资源行业的岗位能力胜任模型的建模法、IT 行业的能力成熟度模型集成（CMMI）的架构和能力项模式，应用 BEI、职位序列划分和核心能力推导等研究方法，建立中国制造 2025（智能制造）下生产性服务外包人才的能力模型。

5. 教育实验法

课题组在苏州工业园区服务外包职业学院条件成熟的服务外包专业，按照培养方案和课程设置对原有的方案、课程体系和实训体系等进行实验性改革尝试，建立相应的校内外数字化实训环境、师资体系等，通过采集一些数据，采用数据统计方法进行分析实验前后的显著变化情况。最终通过行业、企业和高校三方专家评审来检验其效果。

二、研究思路与过程

研究过程分为调研、建模、方案、实验四个大阶段，但是时间上不是传统的瀑布型生命周期，而是采用敏捷方法迭代周期的模式，按照多次目标交付的形式，灵活在当前的学期和企业访问中进行研究计划和成果发表等安排。

1. 调研阶段（2019 年 9 月—2020 年 3 月）

通过问卷和访问工程师等形式，调研国际智能制造、国家/省级两化融合示范性企业的工业系统与业务的特点，以及企业中生产性服务岗位所需的技术、工具、能力和工作流程等；通过文献研究法等研究国内外智能制造的技术、架构和实施标准，以及生产性服务岗位相关的国际与行业标准。德国职业教育 4.0，生产性服务业与服务外包业对比研究。

阶段预期成果：生产性服务业的业务、架构、技术、安全、应用功能和典型岗位能力要求报告，德国职业教育 4.0 分析报告，生产性服务业与服务外包业对比研究报告等。

2. 建模阶段（2020 年 1 月—2020 年 6 月）

基于第一阶段的研究成果，参考人力资源岗位能力胜任模型和 IT 行业的 CMMI 模型的框架、建模过程及方法，建立智能制造生产性服务典型岗位的能力模型和能力字典。模型分为能力域、一级能力项、二级能力项等三个层级，每个层级对应不同颗粒度的岗位工作过程和活动。本课题初步确定以典型的系统运维、工业软件开发与测试、供应链管理、物流管理、品牌设计、和知识产权管理等岗位为主要建模目标。最后组织行业、企业和教育等不同领域的专家对这些模型进行评审。

阶段预期成果：中国制造 2025（智能制造）生产性服务外包典型岗位的能力模型。

3. 方案阶段（2020 年 6 月—2020 年 12 月）

基于上述的能力模型，参考基于典型工作过程的课程开发方法，建立对应智能制造生产性服务外包岗位的课程设置；基于中国职业教育的现状，参考德国职业教育 4.0 体系和中国制造 2025 人才培养指导文件等，建立对应的人才培养方案，包括人才定位、数字化教学平台、课程设置、实训与实习体系、师资培训等；对已有的服务外包专业的人才培养方案给出改革建议方案。最后课题组组织行业、企业和教育领域等的联合专家组对该人才培养方案进行评审。

阶段预期成果：中国制造 2025（智能制造）生产性服务外包专业及人才培养改革方案。

4. 实验与结项阶段（2020 年 9 月—2021 年 10 月）

基于本课题建立的能力模型、培养方案和改革建议，在课题组所在学院条件成熟的服务外包专业进行试验，按照培养方案和课程设置对原有的方案、课程体系和实训体系等进行改革试验；通过深入的校企合作平台，建立新型的数字化校内外实训环境、跨专业跨行业的师资体系等；针对不同的年级、不同的专业，不求一刀切，适合先行的原则进行逐步部署调整；一年后通过行业、企业和高校三方专家评审来检验其效果。

阶段预期成果：试验实施计划与方案，试验评审报告，课题研究成果论文若干。

1.5 主要观点与创新之处

一、主要观点

1. 智能制造生产性服务是传统服务外包转型的一个机遇

从服务外包的内容看，服务外包产业是一种生产性服务业，即服务外包产业属于生产性服务业的范畴。随着国际的保护主义抬头、新一代 IT 技术的革命性服务业态创新，以及中国作为第一制造大国和第二大经济体本身国内服务外包的释放，传统面向离岸外包的服务类行业的外包可以转向智能制造下的生产性服务，这是一个服务外包产业本身的发展机遇。

2. 政府出台相关政策时，要通盘考虑政策的协调性、互补性及完备性

本书梳理了服务外包、服务贸易、现代服务业、生产性服务业和服务型制造之间的内在的联系，可以帮助政府相关管理部门在制定和出台相关产业政策时，通盘考虑政策的协调性、互补性及完备性。一些地区在制定服务外包产业发展规划时，应根据本地区生产性服务业发展水平，对本地区如何发展服务外包产业进行合理定位；企业服务外包的动机及实现过程是生产性服务业发展的重要推动力量，制定和出台促进企业进行服务外包的配套政策，有利于促进本地区生产性服务业的发展，进而有利于提升本地区承接服务外包的能力，促进本地区服务外包产业的发展。

3. 建立服务人才能力模型可以为高校人才培养提供入口标准

能力模型从典型工作过程、典型工作活动和所需掌握的知识等描述了一个生产性服务岗位所需的全部能力，这些是开发对应的课程体系的直接基础，也是人才培养方案的前提。而对于企业本身的员工培训和考核来说，这个能力模型也是一个参考的标准的。这个模型是沟通产业和高校的桥梁，有了它，双方就有了共同的人才标准。

4. 生产性服务人才的培养实践对传统服务外包专业转型和改革有参考意义

随着服务外包 3.0 的到来，以及中国国内制造业等基于信息技术的现代服务的释放，苏州工业园区服务外包职业学院的服务外包专业处于改革与转型的十字路口。按照本课题研究的培养方案和课程设置对原有的方案、课程体系和实训体系等进行实验性改革，建立相应的校内外实训环境、师资体系等，最后

通过行业、企业和高校三方专家评审来检验其效果。这个实践将是先行性的、变革性的，对本校乃至全国其他开设服务外包及其相关专业的高职院校都非常有参考的意义。

二、可能的创新之处

率先为中国制造 2025 下的典型生产性服务岗位建立对应的能力模型，可以作为高校人才培养的入口和企业员工培训与考核的标准。而生产性服务专业、课程体系和人才培养方案的研究和实践，对当今服务外包专业的转型和改革有非常重要的参考意义。

2 服务外包、现代服务业与服务贸易

2.1 服务外包概述

服务外包产业的发展历程，从 1.0 到 3.0 时代，产业的内涵及外延都已经发生了极大的变化。最初的服务外包概念来源于企业的核心竞争力。1990 年，美国著名管理学者普拉哈德和哈默尔提出了核心竞争力的概念，他们认为，随着世界的发展变化，竞争加剧，产品生命周期的缩短以及全球经济一体化的加强，企业的成功不再归功于短暂的或偶然的产品开发或灵机一动的市场战略，而是企业核心竞争力的外在表现。因此企业应该将自己的资源集中于核心能力，而非核心职能则应采取外包的方式由外包专业服务商完成。

2.1.1 信息技术外包

信息技术外包（Information Technology Outsourcing，ITO）是指企业专注于自己的核心业务，而将其 IT 系统的全部或部分外包给专业的信息技术服务公司。企业以长期合同的方式委托信息技术服务商向企业提供部分或全部的信息功能。

常见的信息技术外包涉及信息技术设备的引进和维护、通信网络的管理、数据中心的运作、信息系统的开发和维护、备份和灾难恢复、信息技术培训等。

信息技术外包根据不同的划分方法可以划分为不同类型，现在主要有四种划分方法：

1. 按照信息技术外包的程度可以将信息技术外包划分为整体外包和选择性外包

整体外包系指将 IT 职能的 80%或更多外包给外包商，选择性外包是指几个有选择的信息技术职能的外包，外包数量少于整体的 80%。整体外包因为牵涉的范围很广，风险是很高的，由于整体性外包合同往往要持续很长的时间（通常超过 5 年），而且整体性外包的用户必须花费大量的时间、精力和资金来分析外包交易并与外包商洽谈合同，另外整体性外包可能会导致信息技术的灵活性大幅度削弱，所以任何组织选择整体性外包时都必须三思而行。

2. 根据客户与外包商建立的外包关系可以将信息技术外包划分为：市场关系型外包、中间关系型外包和伙伴关系型外包

如果把外包合同关系视为一个连续的光谱，其中一端是市场型关系，在这种情况下，组织可以在众多有能力完成任务的外包商中自由选择，合同期相对较短，而且合同期满后，能够在成本很低或不用成本、很少不便或没有不便的情况下，换用另一个外包商完成今后的同类任务。另一端是长期的伙伴关系协议，在这种关系下，组织与同一个外包商反复订立合同，并且建立了长期的互利关系。而占据连续光谱中间范围的关系必须保持或维持合理的协作性，直至主要任务的完成。有些关系靠近市场关系，有些关系则靠近伙伴关系，而在两端之间就是中间关系。

3. 根据战略意图可以把信息技术外包划分为信息系统改进（IS Improvement）、业务提升（Business Impact）和商业开发（Commercial Exploitation）三种类型

信息系统改进型外包是指组织通过外包提高其核心的 IS 资源的绩效，从而达到其改进 IS 的战略目标。业务提升型外包的主要目标是通过外包使 IT 资源的配置最有效的提升业务绩效的核心层面。商业开发型外包是指通过外包为组织产生新的收入和利润或抵消组织的成本从而提高组织 IT 的投资收益。

4. 按照价值中心的方法可以将信息技术外包划分为成本中心型、服务中心型、投资中心型和利润中心型外包

成本中心型外包是指通过 IT 外包在强调运行的效率的同时使风险最小化。服务中心型外包是指通过外包在使风险最小化的同时建立基于 IT 的业务能力以支持组织的现行战略。投资中心型外包是指通过 IT 外包使组织对创建新的基于 IT 的业务能力建立长期的目标并给予长期的关注。利润中心型外包是指通过 IT 外包向外部市场提供 IT 服务并获得不断增长的收入并为成为世界级的 IT 组织获得宝贵的经验。

2.1.2 业务流程外包

业务流程外包（Business Process Outsourcing，BPO），是指企业检查业务流程以及相应的职能部门，将这些流程或职能外包给供应商，并由供应商对这些流程进行重组。BPO 是将职能部门的全部功能（比如事务处理、政策服务、索赔管理、人力资源、财务）都转移给供应商。外包供应商根据服务协议在自己的系统中对这些职能进行管理。一些 BPO 合同是根据服务水平进行支付的，将供应商的收入与业务绩效或成本节约程度联系起来。

BPO 有许多鲜明的特点，有利于加快企业的发展，有可能成为“21 世纪公司发展的新模式”。

第一，BPO 能有效地改善辅助业务对核心业务的支持作用，增加整体赢利。公司业务可划分为核心业务与辅助业务，BPO 运作的主要对象是对整体业务起支撑作用的辅助业务，如财务、系统等。这些辅助业务对外承包给专业化公司后，其业务质量能得到显著且迅速改善，从而对核心业务起到推动作用，增加整体赢利。

第二，BPO 能进一步突出对核心业务的重点管理，同时实现对辅助业务的有效控制。将部分辅助业务外包，有助于公司管理层以更多的时间和精力，将更多资源投入到核心业务上。而在辅助业务管理上，作为业务承揽方的外部专业化公司，对其承揽项目的服务等级、成本构成、质量检测等有着明确的标准和承诺，这样，公司就可根据合同的履行情况实行对辅助业务的成本—质量控制，实现预期目标。

第三，BPO 在提高外包业务质量的同时，也将这一业务领域改变成为具有创造性的领域。在公司内部，辅助业务常被视为“日常性工作”，是一笔“经常性费用”。当由外部专业化公司的雇员们接手这些业务后，这些业务的性质不再是“日常性工作”，而是“新的就业机会”。他们能以一种充满激情的态度，富有创造性地去完成这些工作。此外，外部专业化公司常常是所从事业务领域中的技术领先者，他们对所承包的业务施以优化设计、科学运作与管理，并跟踪最新技术发展，不断更新公司的系统。

第四，BPO 有利于在新的市场环境中打破传统的行业（业务）界线，与外部公司形成跨业务领域的联合，构成长期的战略伙伴关系，增强彼此的竞争力。

第五，BPO 有利于控制和降低生产成本。由于实现了对辅助业务的成本—质量控制，对业务进行更新与优化设计，采用先进技术等，因此能有效地控制成本。

2.1.3 知识流程外包

知识流程外包（Knowledge Process Outsourcing，KPO）是围绕对业务专业知识能力的需求而建立起来的业务，指把通过广泛利用全球数据库以及监管机构等的信息资源获取的信息，经过即时、综合的分析研究，最终将报告呈现给客户，作为决策的借鉴。KPO 的流程可以简单归纳为：获取数据—进行研究、加工—销售给咨询公司、研究公司或终端客户。知识流程外包过程涉及要求领域专业技能的知识密集型业务流程。

相比较传统的业务流程外包（BPO），KPO 将基于本领域内的流程外包从而使企业获得高附加值，因此提升了传统的 BPO 基于成本所带来的利益。KPO 的核心是通过提供业务专业知识而不是流程专业知识来为客户创造价值。KPO 将业务从简单的“标准过程”执行演变成要求高级分析和技巧的技术以及准确的判断的过程。

一些 KPO 领域可能的服务项目有：知识产权研究，股票、金融和保险研究，数据研究、整合和管理，分析学（数据分析学/分析分析学）和数据挖掘服务，人力资源管理和信息服务，业务和市场研究（包括竞争情报），工程和设计服务，设计、动画制作和模拟服务，辅助律师的内容和服务，医学内容和服务，远程教育和出版，医药和生物技术，研发（IT 和非 IT 领域），网络管理，决策支持系统（DSS）等。

（1）知识产权研究

向美国专利商标局起草和专利权申请非常昂贵，一般要花费 10 000 到 15 000 美元。而一个离岸目的地的知识产权专家能够起草专利权申请的基本草稿，然后在提交前由美国的在册的专利律师修改。即使离岸外包小部分的专利权起草流程中的内容，都能节省总费用的 50%（相对最终客户）。

知识产权资产管理、技术领域知识产权前景规划、知识产权授权使用、知识产权摘要和知识产权商业化服务其他一些能够以同样方式离岸外包的服务。这些服务不仅能适用于专利，也适用于商标、著作权和其他知识产权。一些美国的法律公司已经开始在印度设立后端中心，而其他一些公司则和印度本地公司联手合作以达到相同的目的。

（2）医药和生物科技

合同研发机构已经被医药公司广泛采用。这个行业中的其他一些新兴领域包括产品导入优化和制造过程的提高。全球合同研发市场估计 2004 年到达 200 亿美元。

作为离岸外包目的地，如印度在合同研发外包和临床试验方面具有非常显著的成本优势，基本只有40%~60%。近期，一些公司，如英国阿斯利康公司（AstraZeneca）和日本川崎汽船株式会社已经在低成本目的地设立药物发现中心以离岸外包他们的研发活动。

（3）分析和数据挖掘服务

通过离岸外包数据挖掘、分析，以及数据仓库放到低工资国家，美国公司能显著节约成本达60%~70%；需求和渠道规划、制造安排和运输规划是一些供应链管理解决方案的例子，这些解决方案要求数学设计、统计分析和计算机辅助模拟的应用。诸如俄罗斯和印度是这些服务理想的目的地，这些国家以非常低的成本提供了大量的工程师储备甚至是博士。一个科学与工程类博士在美国和在印度（或者俄罗斯）的成本差能达到60 000万到80 000万美元。

2.2 中国服务外包面临拐点

2.2.1 服务外包发展现状

创新驱动外包价值提升。新阶段，以“补充劳动力资源、建立成本中心”为特征的外包需求日益淡化，主要发达经济体为缓解失业率上涨压力，通过采取多种政策措施引导企业减少境外发包业务。如2017年美国改革H-1B签证，收紧移民政策；印度、中国等传统接包市场劳动力成本攀升，成本优势逐渐萎缩。新阶段，“提升价值、创造价值”成为外包新需求，服务外包不再是完成标准化的、固定的业务模块，而是参与企业管理、标准、流程设计，完成有创造价值的服务需求。2018年1月，《华尔街日报》文章指出，越来越多的大型外包企业如康帕斯集团、埃森哲等入选全球最佳雇主榜单，未来服务外包企业不再仅是IBM、GE等企业的供应商，而有望成为某一领域的竞争者。

智能转型步伐加快。2017年对于人工智能的讨论不绝于耳，如达沃斯经济论坛“全球风险”报告提出，“2017年全球贸易的最大风险就是失业，而造成这一结果的罪魁祸首就是不断提升的自动化”。人工智能带来的冲击面向全行业，服务外包产业也不例外，随着机器人、算法承担更多的任务，市场对人工的需求将减少。2018年1月，印度《经济时报》报道，印度IT产业裁员高达5.6万人，IT公司校园招聘减少50%~70%。

2018 年是人工智能的风口，对于服务外包产业而言，机遇与挑战并存。人工智能有望提升服务能力，如高知特公司利用 AI 技术管理客户财务；优创数据技术有限公司借助流程机器人完成保单数据抓取、录入、校对工作。同时，人工智能将拓展服务领域，智能安防、智慧交通、智慧政务等领域蕴藏新的机会。但人工智能也有可能减少外包业务需求量，客户或将使用人工智能系统代替外包服务/人工服务，特别是一些简单、高频的服务内容。如国内易到用车用人工智能客服代替 90%的人工客服，阿里推出阿里小蜜，网易自建网易七鱼完成客服工作，中国联通与百度在人工智能客服领域达成合作等。

整合资源培育增长新动力。为加快服务能力提升，满足客户多样化需求，服务外包企业加快资源整合。基于社会化协作、共享的“众包理念”，中软国际、文思海辉、博彦科技、软通动力等国内领军企业陆续搭建了众包服务平台，通过成熟的流程管理体系，有效整合个人、团队、企业等行业劳动力资源。此外，随着端到端的一整套服务模式日益受到客户青睐，服务外包企业加快整合业务流程上下游资源，提升全流程服务、一揽子服务、综合解决方案能力，满足客户对明确交付成果及简化风险管理的新需求。当前，特别是在医药研发服务领域，服务流程链条较长，企业发展各有侧重，为了具备全流程服务能力，并购合作成为有效途径。

数字化推进行业融合。据 IDC 调查，2017 年全球有 67%的 1000 大企业将数字化转型作为战略核心，数字经济、数字化转型上升为多个国家的国家战略，Forrester 研究显示，2016 年—2018 年，数字服务将保持 20%的增速，数字化转型在各行各业有序铺开，如智能制造、金融科技、智能汽车、电子商务、智慧医疗等。

数字经济发展离不开服务外包支撑，行业数字化转型推进服务外包与行业融合发展。全球知名外包商 Infosys 拟将数字化创新与数字体验工作室拓展至全球；国内领军企业文思海辉发布“以数字科技领先全球，用行业服务创造价值”新远景，为高科技、金融、互联网、电信、制造、零售、旅游、汽车、医疗、媒体娱乐等行业提供数字化解决方案服务。据中国服务外包研究中心调研，服务外包企业日益关注大数据、云计算、移动互联、智能应用、网络应用和服务体系架构、物联网、数字技术平台等方向。

2.2.2 服务外包 3.0 时代的十大变革

3.0 时代的服务外包，目前印度将其称为 IT-BPM，是在 2010 年前后，随着以云计算、大数据和移动互联网为标志的第三次信息技术革命兴起而开启的服务外包新阶段，代表性事件是2006年亚马逊推出弹性云计算服务。在云服务模式下，企业无需自行构建IT系统，而只需要按需使用相关的软件、平台即可，传统IT硬件商销售产品的模式，软件商销售许可证的模式均将变为按需付费模式，服务成为流动性的商品，企业的IT支出由固定资本支出变为运营资本支出。同时外包客户可以在任意位置使用各种终端获取服务，这过程中无需了解应用运行的具体位置，企业购买服务的方式发生了根本性的改变，这是对传统外包模式的颠覆。与传统的外包模式相比，云外包模式下企业的经营更加网络化，更加依赖于外部资源的整合利用，个性化的需求能得到更好地满足，新的服务和技术将促使企业的业务流程、组织结构和业务模式发生根本的变化。

新一代技术革命推动服务外包进入3.0时代，给服务外包产业带来了新的方向，战术上对成本、技术的追求正在向对价值的战略需求转变。基于云的技术和云的理念，与互联网、移动、大数据等新兴技术的进一步融合，服务外包产业将面临技术模式、服务模式、运营模式、交易模式、商业模式、供给模式、行业边界、服务内涵、竞争格局和服务外包产业定义等十大变革和发展趋势。

一、技术模式变革——从ICT到ICD

2.0时代的服务外包，以互联网革命为核心的ICT产业，代表了推动服务外包产业发展的三个关键技术要素（信息、通信和技术）；在3.0时代，ICT将更多地被赋予信息化、智能化的内涵，并从ICT向ICD（Information Cloud Data）的迁移。Information将被Data取代，互联网新业务、各类商业应用、大数据等将成为新Data所代表的主要内容；传感网络、智能终端、All-IP化网络、云数据中心将成为全新形态的Communication，并由Cloud取代；而Technology由于其宽泛性，将成为新一代信息技术特别是光通信技术、IP化技术、虚拟化等技术的代名词，泛互联网是其中的核心标识，并被移动互联网取代。3.0时代的服务外包，将在新的ICD技术基础上重新组合现有的服务领域和服务模式，并衍生出各种全新的服务业态。

二、服务模式变革——从“卖人头”到合作伙伴

2.0时代服务外包最基本业务模式就是以“卖人头”的形式为发包商提供软件开发等人力资源及服务，这样的模式直接决定了服务外包业务的收入和人员规模成正比的关系。随着外包产业进入3.0时代，发包企业愈发需要与外包

企业进行全方位、360度的合作，形成基于信任控制并结合价格和权力控制的跨组织战略关系。这要求接包企业更加专注于与发包企业业务流程的深度整合，与发包企业形成你中有我，我中有你，价值共创。因此，战略客户的布局和开发便具有了前所未有的重要性。

三、运营模式变革——从基地模式到网格管理

2.0时代，服务外包企业运营为“重服务”模式。在3.0时代，随着移动互联网、云计算等技术的兴起，服务外包企业的运营模式向“轻资产运营”转变，自带设备办公（BYOD）、移动办公等的出现，带来众包时代的来临。服务外包企业更加强调技术替代劳动，网络替代场地，通过网络化管理降低企业的固定成本，利用技术和系统取代劳动力的过度依赖。服务外包越来越向知识密集型、数据密集型产业演进。

四、交易模式变革——从替代型外包到放弃型外包

在服务外包2.0时代，替代型外包是服务的主流。3.0时代，企业外包战略发生了根本性的变化，发包和接包方的利益更加趋同一致，由商业关系向战略合作伙伴关系蜕变。企业将本身原本没有的IT产品或功能，通过外包方式从外部市场获得，这就是放弃型外包。一般来说，放弃性外包是企业为满足业务战略需求而选择的外包，接包方不仅要提供所需的IT资源（人力、物力），还需要与企业一起甚至是独立提供与企业业务流程相关的行业解决方案，这种解决方案集成了企业与服务商双方或者多方的能力，远超出企业自身原有能力，更能适应市场和客户需求，在市场竞争中获得优势。放弃型外包下的外包功能已经超越了节省成本的范畴，而是迈进了解决业务、优化业务的领域，创造的附加值要远高于替代型外包，接包方拥有更高的议价能力。

五、商业模式——按需付费、SAAS与平台化企业

3.0时代服务外包的核心就是服务外包企业建立标准化的统一外包服务处理平台，通过标准化，模块化和流程化将服务集成到统一云平台上，在数据库里面进行统一处理。基于云的技术和云的理念，与互联网、移动、大数据等新兴技术的进一步融合，将改变服务外包的商业模式，交易模式，交付模式以及定价模式。

六、供给模式变革——人才结构的重置

3.0时代的服务外包将重置产业的人才结构。原有的以大规模人工处理提供服务为核心的商业模式，将随着新兴技术的出现，转变为以技术平台为核心的按需使用的商业模式，这一转变也将极大地改变行业对人才的需求。低端IT和服务专业人员的岗位，正逐步从技术性的具体岗位向企业业务终端岗位转变，垂直行业经验、平台管理、供应商合同管理、云计算、分析学、网络应用技术、移动应用技术等，都是未来10年需要掌握的知识和技术。

七、行业边界进一步拓宽——泛服务化（XaaS）推动泛外包化

新技术革命导致技术创新为主演变为应用创新为主，用户为中心取代厂商为中心，软、硬件主导让位于软件和服务。IT产业发展趋势是服务化，不再是传统意义的服务化，而是泛服务化，即XaaS。服务外包的3.0是泛服务化推动泛外包化的时代，服务外包面临的市场将快速急剧扩大，IT产业个性化和服务化时代来临、企业网络化经营变革催生泛外包化服务、生产类消费取代生活类消费成为科技消费主流以及3.0时代带来的广阔新市场等都将为服务外包产业发展带来重大的市场机遇。

八、服务内涵变革——软硬件一体化、产品服务化与服务产品化

制造业的低成本化和海量信息的免费化趋势将导致制造业与服务业的深度融合。在3.0时代的服务外包企业，通过将服务产品化，即由纯服务适当向产品领域延伸，从而实现从线性增长向非线性增长的跨越，则是另外一个明显的产业趋势。

九、竞争格局变革——从专业服务到跨界融合

“终端+应用”“工业+信息”“制造+服务”的跨界融合是适应未来变幻莫测的商业环境下满足用户价值最大化的业务模式变革。在服务外包产业的整体变革中，服务的产品化以及产品的服务化两大趋势越来越明显。有越来越多的新企业开始进入到服务外包这个领域，有更多的传统意义上的其他行业的企业开始跨界进入外包服务领域，同时也有很多行业传统意义上我们认为的服务外包企业，领域在不断拓宽。例如微软发布MicrosoftAzure云平台，2011年90%的员工已经从事云计算及相关工作；IBM在新加坡、美国、中国等国家和地区建立一批云计算实验室和云计算中心，加大服务部门销售云计算方案和服务；

Amazon 最早推出“云计算”服务，2010 年云计算收入超过 10 亿美元，是当前市场上拥有云计算技术服务最多的公司。

十、服务外包产业的内涵和外延将重新定义

服务外包摒弃了传统的基于 IT 架构以及企业业务流程需求发展的模式，新兴技术成为产业发展的一个核心驱动力，并且保持了智力密集型的服务业特征，在“大物移云”等新兴技术的冲击下，服务外包产业的内涵和外延都发生了颠覆性的变革。3.0 时代的服务外包，可以重新定义为以科技为核心驱动的现代服务业，其技术基础涵盖了传统 IT 技术，以及以云计算、大数据、移动互联网等为代表的新兴技术，基于云计算平台，完成服务的执行及交付，具有平台化、社会化和智能化等主要特征。

通过分析服务外包产业 3.0 时代的未来发展趋势，在接下来的几年，随着跨界融合的不断深入，全球服务外包市场的格局将发生深刻的变化，这对中国服务外包产业而言，既是反超的机遇，更是转型的挑战。

2.3 现代服务业、服务贸易与服务外包内涵解读

2.3.1 现代服务业解读

根据 2012 国家科技部发布的第 70 号文件，现代服务业是指以现代科学技术特别是信息网络技术为主要支撑，建立在新的商业模式、服务方式和管理方法基础上的服务产业。它既包括随着技术发展而产生的新兴服务业态，也包括运用现代技术对传统服务业的提升。

伴随着信息技术和知识经济的发展产生，用现代化的新技术、新业态和新服务方式改造传统服务业，创造需求，引导消费，向社会提供高附加值、高层次、知识型的生产服务和生活服务的服务业。

现代服务业的发展本质上来自于社会进步、经济发展、社会分工的专业化等需求。具有智力要素密集度高、产出附加值高、资源消耗少、环境污染少等特点。现代服务业既包括新兴服务业，也包括对传统服务业的技术改造和升级，其本质是实现服务业的现代化。

一、现代服务业分类

现代服务业是相对于传统服务业而言，适应现代人和现代城市发展的需求，而产生和发展起来的具有高技术含量和高文化含量的服务业。主要包括以下四大类。

1. 基础服务（包括通信服务和信息服务）；

2. 生产和市场服务（包括金融、物流、批发、电子商务、农业支撑服务以及中介和咨询等专业服务）；

3. 个人消费服务（包括教育、医疗保健、住宿、餐饮、文化娱乐、旅游、房地产、商品零售等）；

4. 公共服务（包括政府的公共管理服务、基础教育、公共卫生、医疗以及公益性信息服务等）。

二、现代服务业特征

现代服务业具有“两新四高”的时代特征。

一新：新服务领域——适应现代城市和现代产业的发展需求，突破了消费性服务业领域，形成了新的生产性服务业、智力（知识）型服务业和公共服务业的新领域。

二新：新服务模式——现代服务业是通过服务功能换代和服务模式创新而产生新的服务业态。

四高：高文化品位和高技术含量；高增值服务；高素质、高智力的人力资源结构；高感情体验、高精神享受的消费服务质量。

现代服务业具有资源消耗少、环境污染少的优点，是地区综合竞争力和现代化水平的重要标志。

三、现代服务业与先进制造业融合的三种形态

（一）现代服务业结合型融合

结合型融合，是指在制造业产品生产过程中，中间投入品中服务投入所占的比例越来越大，如在产品中市场调研、产品研发、员工培训、管理咨询和销售服务的投入日益增加；同时，在服务业最终产品的提供过程中，中间投入品中制造业产品投入所占比重也是越来越大，如在移动通信、互联网、金融等服务提供过程中无不依赖于大量的制造业“硬件”投入。这些作为中间投入的

制造业或制造业产品，往往不出现在最终的服务或产品中，而是在服务或产品的生产过程中与之结合为一体。发展迅猛的生产性服务业，正是服务业与制造业“结合型“融合的产物，服务作为一种软性生产资料正越来越多进入生产领域，导致制造业生产过程的”软化“，并对提高经济效率和竞争力产生重要影响。

（二）现代服务业绑定型融合

绑定型融合，是指越来越多的制造业实体产品必须与相应的服务产品绑定在一起使用，才能使消费者获得完整的功能体验。消费者对制造业的需求不仅仅是有形产品，而是从产品购买、使用、维修到报废、回收全生命周期的服务保证，产品的内涵已经从单一的实体，扩展到未用提供全面解决方案。很多制造业的产品就是为了提供某种服务而生产，如通信产品与家电等；部分制造业企业还将技术服务等与产品一同出售，如电脑与操作系统软件等。在绑定型融合过程中，服务正在引导制造业部门的技术变革和产品创新，服务的需求与供给指引着制造业的技术进步和产品开发方向，如对拍照、发电邮、听音乐等服务的需求，推动了由功能单一的普通手机向功能更强的多媒体手机的升级。

（三）现代服务业延伸型融合

延伸型融合，是指以体育文化产业、娱乐产业为代表的服务业引致周边衍生产品的生产需求，从而带动相关制造产业的共同发展。电影、动漫、体育赛事等能够带来大量的衍生品消费，包括服装、食品、玩具、装饰品、音像制品、工艺纪念品等实体产品，这些产品在文化、体育和娱乐产业周围构成一个庞大的产业链，这个产业链在为服务业供应上带来丰厚利润的同时，也给相关制造产业带来了巨大商机，从而把服务业同制造业紧密结合在一起，推动着整个连带产业共同向前发展。有资料显示，美国等电影产业比较发达的国家，票房一般只占到电影收入的三分之一，其余则来自相关的电影衍生产品。发达国家的经验表明，在整个动漫游戏的庞大产业链中，有百分之七十到八十的利润是靠周边产品来实现的。

2.3.2 服务贸易解读

服务贸易是一国的法人或自然人在其境内或进入他国境内向外国的法人或自然人提供服务的贸易行为。主要方式有：从一成员境内向任何其他成员境内提供服务；在一成员境内向任何其他成员的服务消费者提供服务；一成员的服务提供者在任何其他成员境内以商业存在提供服务；一成员的服务提供者在任何其他成员境内以自然人的存在提供服务。其中，服务包括商业服务，通信服务，建筑及有关工程服务，销售服务，教育服务，环境服务，金融服务，健康与社会服务，与旅游有关的服务，娱乐、文化与体育服务，运输服务等。

一、服务贸易提供方式

一国的法人或自然人在其境内或进入他国境内提供服务的贸易行为。按照WTO于1994年签署的《服务贸易总协定》，服务贸易有四种提供方式。

1. 跨境交付：指服务的提供者在一成员方的领土内，向另一成员方领土内的消费者提供服务的方式，如在中国境内通过电信、邮政、计算机网络等手段实现对境外的外国消费者的服务；

2. 境外消费：指服务提供者在一成员方的领土内，向来自另一成员方的消费者提供服务的方式，如中国公民在其他国家短期居留期间，享受国外的医疗服务；

3. 商业存在：指一成员方的服务提供者在另一成员方领土内设立商业机构，在后者领土内为消费者提供服务的方式，如外国服务类企业在中国设立公司为中国企业或个人提供服务；

4. 自然人流动：指一成员方的服务提供者以自然人的身份进入另一成员方的领土内提供服务的方式，如某外国律师作为外国律师事务所的驻华代表到中国境内为消费者提供服务。

二、中国服务贸易发展对策

1. 优化调整产业结构，努力提升中国服务业的国际竞争力

中国服务贸易总体水平落后，服务贸易结构不合理，其中，最大的制约因素就是中国第三产业规模和比重较小，服务业发展水平较低，服务部门、种类和设施尚不健全。为此，必须大力发展服务业，加快产业结构的调整和优化。稳步推进消费需求结构升级，提高服务消费比重。培育生产者服务市场，大力发展服务外包。加强产业链的连锁作用，加大相关产业的协调与支持力度，完善交通、文教、能源等基础设施和基础产业。推动技术和服务创新，创造新的竞争优势，努力提升中国服务业的国际竞争力。

2. 推进新兴服务贸易出口，优化服务贸易结构

按照积极推进新兴服务贸易出口与扩大传统劳动密集型服务贸易出口相结合的原则，重点扩大工程承包、设计咨询、技术转让、金融保险、国际运输、

教育培训、信息技术、民族文化等服务贸易出口；充分利用外资，利用外资企业在新型服务贸易部门的示范、人员培训和产业前后向关联等途径实现的技术外溢效应，提高我国服务企业的技术水平和管理手段，优化服务贸易结构。

3. 积极培育国内服务外包市场

一是要积极稳妥地开放服务市场，放宽对服务贸易领域市场准入的限制，为跨国企业来我国开展服务外包业务创造条件。二是制定鼓励承接服务外包的专门政策措施，进行外包企业认定，仿照给予高新技术企业的支持政策，为外包企业提供低息信贷，减免企业开展离岸外包的所得税和营业税，对用于提供外包所需的进口设备可以免征关税及进口环节增值税。三是积极推进服务外包商务环境建设。

2.3.3 服务外包，服务贸易与现代服务业内涵解读

从概念的范围上来讲，服务外包，服务贸易与现代服务业三者有很大的交集，但不完全相同。服务外包指的是服务性企业或制造业中的某些服务环节或职能进行外包的行为。按照国际通行的 BOP 统计标准，服务外包一旦跨越国境是近岸或离岸形式时，便属于国际服务贸易的范畴了。

服务外包是企业、单位将业务外包的一种作用行为，是一种业务作用流动的解决形式；国际服务贸易是一种依据业务波及规模能否是国内或国际间的一种服务贸易的划分类型。国内服务贸易中，能够采纳服务外包形式，国际服务贸易中，也能够采纳业务（服务）外包的形式；服务外包属于国际服务贸易，它是国际贸易的一局部；服务贸易又称劳务贸易，指国与国之间相互提供服务的经济替换流动，等等。

现代服务业是在工业化高度开展阶段产生的，主要依靠电子信息等高技术和现代治理理念、运营形式和组织模式而开展起来的服务部门，偏重于指在新技术反动浪潮推进下产生或有较大开展的服务行业。拥有“三新”（新技术、新业态、新形式）和“三高”（高人力资本含量、高技术含量、高附加值）特色。

依据 1993 年年底乌拉圭回合多边会谈达成的服务贸易总协议的规则，服务贸易是一国劳动者向另一国或多国生产者提供服务并取得外汇的买卖过程，既囊括有形劳动力的输入输出，又囊括提供者与被提供者未实体接触状况下服务的国际间有偿输入输出。其内容非常宽泛，服务贸易波及 150 多项，20 多个范畴。显然，服务贸易是国际贸易的一种。仅将其了解为劳务贸易，以及将其了解为“国内服务贸易”等都是谬误的。

服务外包是现代服务业的重要组成部分，具有信息技术承载度高、附加值大、资源消耗低等特点。服务外包的发展给现代服务业带来从管理技术、管理理念到商业模式的创新，提高管理水平、技术水平和科技创新水平，从而促进现代服务业的发展。主要体现在：服务外包中的ITO为现代服务业的所有应用领域提供信息技术解决方案和手段以及IT服务，BPO为客户提供创新的业务流程再造、创新的服务模式和手段。

由以上可见，服务外包和服务贸易都以服务业为根底，服务外包中的离岸外包可全部归为服务贸易，服务外包中的在岸外包则不属于服务贸易；服务贸易有更多内容。服务业又以服务外包和服务贸易为重要开展模式。服务外包和服务贸易的倏地开展是一个国度/地域服务业倏地开展及其国际化的重要路径。然而，服务业的开展还有其余模式，不能以为服务外包和服务贸易是服务业开展的仅有模式。

3 生产性服务业与服务外包产业

3.1 生产性服务

3.1.1 生产性服务概述

生产性服务业（Producer Service，又称“生产者服务”或“生产服务”）是指为保持工业生产过程的连续性、促进工业技术进步、产业升级和提高生产效率提供保障服务的服务行业。它是与制造业直接相关的配套服务业，是从制造业内部生产服务部门而独立发展起来的新兴产业，本身并不向消费者提供直接的、独立的服务效用。它依附于制造业企业而存在，贯穿于企业生产的上游、中游和下游诸环节中，以人力资本和知识资本作为主要投入品，把日益专业化的人力资本和知识资本引进制造业，是二、三产业加速融合的关键环节。主要包括研发设计与其他技术服务，货物运输、仓储和邮政快递服务，信息服务，金融服务，节能与环保服务，生产性租赁服务，商务服务，人力资源管理与培训服务，批发经纪代理服务和生产性支持服务等几类服务行业。

在现代经济中，科学技术对经济发展水平的提高起着关键作用，它们在生产过程中被实际应用大都是通过生产性服务的投入来实现的，这个过程推动生产向规模经济和更高的效率发展。所以，生产性服务被认为是新兴经济的关键服务，它的扩张与生产经营活动越来越紧密相联，并且越来越复杂化。

生产性服务主要包括：

（1）专业服务：法律、会计、管理咨询、组装与构造、工程、测量等；

（2）信息和中介服务：电讯、电影、广告与市场研究、信息技术服务、出版业等。

（3）金融保险服务：银行、保安、保险、风险投资、债务市场、基金管理等。

（4）贸易相关服务：会展、进出口贸易、物流仓储、快件、仲裁与调解等。

3.1.2 发展生产性服务的意义

加快发展生产性服务业，是落实新发展理念、转变发展观念、创新发展模式、实现高质量发展的客观要求，对我们更好地抓住战略机遇期实现全面建设小康社会的宏伟目标也将具有重要的战略意义。

1. 有利于我国服务业和整体产业结构的优化升级

我国生产性服务业的各个门类都较为薄弱，由此决定了我国服务业整体竞争力的低下和结构的非优化，形成了我国经济增长主要依靠工业带动和数量扩张的非良性循环。加快发展生产性服务业，提升其现代化水平，可以从供给和需求两方面促进经济结构调整和产业结构的优化升级：一是推动服务业供给总量的增加和结构的优化；二是有利于推动需求结构的改善，生产性服务业投入效率的提高将有利于减少经济增长对高投资和高资本积累的依赖，增加人力资本积累，从而有益于改变投资率畸高、消费率偏低的局面，促进经济增长由主要依靠投资和出口拉动向消费需求为主导方向转变。

2. 有利于提高我国参与国际分工的地位，培植动态竞争优势，获取更多的比较利益

随着参与国际分工深度和广度的日益提高，我国在参与经济全球化过程中获益匪浅。但总体上看，我国在国际产业链条中处于中低端，国际分工和贸易的利益更多地流向发达成员，我国直接获益相对较少。其原因在于发达国家的跨国公司凭借其先进的生产性服务业特别是高水平的研发和市场营销能力控制了全球生产网络和价值链，取得了支配权。我国如能尽快提升生产性服务业水平，将有利于逐步改变这一局面，推动我国参与国际竞争战略从单纯依靠廉价劳动力的静态比较优势模式向发挥人力资源综合优势和培育人力资本的动态竞争优势模式转变，逐步进入和战略国际产业链的中高端环节，从而能够在参与国际分工和交换中获得更大化利益。

3. 有利于增强自主创新能力，推动“中国制造”的转型

生产性服务业的发展和创新对我国增强自主创新能力、建设创新型国家尤

其具有关键意义。一是现代工业和制造业已经广泛融入研发、产品设计、品牌策划等生产性服务业成分，对企业技术进步和创新有直接作用；二是现代市场营销服务不仅可以发现市场需求，还具有创造市场需求的功能，对于企业开展市场需求导向的创新活动具有重大影响；三是现代金融服务和专业服务等都是企业创新必不可少的条件；四是现代物流和供应链管理等广泛应用了信息技术成果，是产业创新链条的重要组成部分。

4. 有利于推动走新型工业化道路，实现可持续发展

加快生产性服务业的现代化，有利于我国摆脱旧型工业化道路，转变经济增长方式，走新型工业化道路。一是为新型工业化提供高水平的生产性服务业中间投入，占领经济价值链的中高端环节，不断挖掘经济效率提高的源泉；二是有利于加快现代信息技术成果在整个社会再生产过程的应用，促进产业技术进步和创新，更好地实现以信息化带动工业化；三是创新和效率提高以及产业结构向服务业升级，将大大降低经济增长对资源投入的依赖，提高资源使用效率，从而有利于建设资源节约型和环境友好型经济，实现经济的可持续发展。

3.2 服务型制造

3.2.1 服务型制造概述

为了实现制造价值链中各利益相关者的价值增值，通过产品和服务的融合、客户全程参与、企业相互提供生产性服务和服务性生产，实现分散化制造资源的整合和各自核心竞争力的高度协同，达到高效创新的一种制造模式。

制造流程外包业务可以是生产、营销、设计、开发、信息、保养等各个经营环节。制造包括生产和服务两部分，也就是说，制造=生产+服务。从微笑曲线来看，服务处于价值的高端，而生产加工环节却处于低端。生产所创造的价值约占整体价值的三分之一，而服务所创造的价值约占三分之二。从过程来分析，生产过程的时间为十分之一，而服务过程的时间为十分之九。

一、服务型制造的典型特点

美国经济学家格林福尔德，于 1966 年在研究服务业分类时最早提出了生产性服务业（Producer Services）的概念，即可用于商品和服务的进一步生产

的、非最终消费服务。但生产性服务所站的角度是面向生产，为生产服务，而不是解决如何为最终顾客提供服务，并没有真正找到服务的目标。

孙林岩教授在《21 世纪的先进制造模式——服务型制造》中提出，服务型制造是知识资本、人力资本和产业资本的聚合物，是三者的黏合剂。知识资本、人力资本和产业资本的高度聚合，使得服务型制造摆脱了传统制造的低技术含量、低附加值的形象，使其具有和以往各类制造方式显著不同的特点：

① 在价值实现上，服务型制造强调由传统的产品制造为核心，向提供具有丰富服务内涵的产品和依托产品的服务转变，直至为顾客提供整体解决方案；

② 在作业方式上，由传统制造模式以产品为核心转向以人为中心，强调客户、作业者的认知和知识融合，通过有效挖掘服务制造链上的需求，实现个性化生产和服务；

③ 在组织模式上，服务型制造的覆盖范围虽然超越了传统的制造及服务的范畴，但是它并不去追求纵向的一体化，它更关注不同类型主体（顾客、服务企业、制造企业）相互通过价值感知，主动参与到服务型制造网络的协作活动中，在相互的动态协作中自发形成资源优化配置，涌现出具有动态稳定结构的服务型制造系统；

④ 在运作模式上，服务型制造强调主动性服务，主动将顾客引进产品制造、应用服务过程，主动发现顾客需求，展开针对性服务。企业间基于业务流程合作，主动实现为上下游客户提供生产性服务和服务性生产，协同创造价值。

二、典型案例

装备制造业是典型的服务型制造行业。装备制造企业大多是按单制造（MTO Ⅱ）生产组织模式，即对应客户比较固定，围绕产品所形成的一整套服务体系相对成熟和稳定，如销售、采购、运输等内部支撑环节。装备制造业的按单制造与传统的批量制造在生产组织模式上有着明显的区别。装备制造企业潜水于产品制造多年，从骨子里是与客户最接近的群体，但从行业的整体水平看，由于总体的市场化程度还不够高，企业对外服务能力还有待进一步提高。

现阶段，我国已经呈现装备制造企业向服务型制造转型的迹象。例如，我国农业机械装备大多是中小型低端产品，为避免市场同质化竞争，不少农机企业转向代理销售国外品牌。进入 21 世纪以来，一些上市集团或民营企业加大投入，慢慢自主研发并生产国产化产品，同时注重区域性市场服务能力的提升。另外，大型集团性企业在资金、产业链上具备一定优势，因产品制造体系衍生出新的服务模式，例如金融、租赁领域，也是企业寻求服务型制造转型的创新方向。

3.2.2 服务型制造实施路径及其机理的简要解读

服务型制造是制造与服务相融合的新的制造模式和产业形态，从组织形态看是制造企业向服务领域拓展（如戴尔电脑的直销模式；IBM 的解决方案等）和服务企业向制造领域的渗透（如沃尔玛对制造企业的控制等），从而向顾客提供“产品服务系统”和“整体解决方案”的模式。当前，全球经济正在从产品经济向服务经济过渡，传统的制造价值链不断扩展和延长，制造业也正在从“生产型制造”向“服务型制造”转变。长期在低端徘徊的我国制造产业也迫切需要探寻新的实施路径以提升其能级。

下面，我们从企业层面、产业层面和政府层面三个方面予以说明。

从企业层面来看，制造企业向服务型模式转变，其实施的基本路径有两条。路径之一，传统制造企业依托实体产品，通过产品和服务的融合，将原来集成在产品中的知识、技能与其他要素进行分解和外化，形成各类高附加值的服务要素，实现分散化制造资源的整合和各自核心竞争力的高度协同，达到向客户提供包含这些服务要素的“产品+服务包”或“纯服务（组合）”，同时也达到价值增值。路径之二，传统的服务企业向制造领域渗透，通过外包或自建的方式拓展自己的制造系统，达到向客户提供包含这些服务要素的“产品+服务包”。当然，服务型制造并非企业单个自发、独立的个体行为，服务型制造的实施离不开国际和区域产业转移浪潮的影响，也离不开政府产业政策的支持。

从产业层面来看，服务型制造的推进有赖于并有助于制造产业结构和服务产业结构的优化调整——如何在国际业务流程外包和国内产业转移的背景下，打造有制造企业、生产型服务企业和客户构成的服务型制造体系，是一个现实的重大挑战。从政府层面来看，政府基于区域经济发展需要和自身实际，制定科学合理的产业发展规划，是服务型制造发展的不可或缺的保障条件。当前在“脱虚入实”的大背景下，政府如何有序、有力、有质地引导资金资本“入实”，成为一项首要的任务；在此基础上，政府则要制定和出台相关政策，积极推动制造企业的服务化发展。由此可见，服务型制造的实施，关键是企业、产业和政府的联动：企业要贴近客户需求，积极重构服务导向的价值链；产业组织要基于服务型制造网络的运行机制，努力践行其运行机理；政府要切实研究服务型制造新格局对区域经济发展的深刻影响，从而提出应对方略。

3.2.3 服务型制造发展路径探索

1. 研究开发与工业设计模式

企业建立和充实研发与设计团队、企业间协作研发、客户和供应商参与研发等途径强化了研发与工业设计力量，利用信息技术加强智能制造，依靠创新驱动实现转型升级。面向产品服务系统、面向客户需求开展研发与工业设计，提升产品附加值和企业核心竞争能力。加大企业研发投入力度，用先进技术引领行业发展。

京东方科技集团股份有限公司研发投入达7%，成功研制出全球首款82英寸10K超高清显示屏，成为世界上第一家研制出10K级的企业，中国企业已经成为全球液晶行业超高清技术的引领者。

2. 产品的智能嵌入服务模式

加强“两化融合”，开发具有服务功能的智能化软件，并将智能化软件嵌入产品中，使产品具有特殊服务功能。企业在向用户提供产品的同时，借助软件和网络技术的在线支持、信息服务和数字化等增值服务，提高企业盈利能力和竞争优势。通过提高用户对产品系统的依赖度，以达到锁定用户并销售服务功能的目标。

创维工业设计研究院拥有一整套规范的设计流程，并在项目设计过程中与产品规划、研发、制造、营销等部门沟通以获得有价值的信息，研制成功“酷开软件系统”并将其镶嵌在创维电视机里。近两年来，创维工业设计研究院设计出了约40个系列项目80余款电视机并投入量产，可借助于电视机为用户提供教育课程、娱乐项目、好莱坞大片、支付宝功能和交纳水电煤费用等服务项目，满足了用户不同的需求，成功进入到市场销售终端并获得了消费者的广泛认可。

3. “避红就蓝”的个性化服务模式

市场竞争残酷无情。掌握了开展个性化服务的技术和能力，就掌握了市场竞争的主动权。

山东青岛红领集团是一家以生产男装为主的服装企业，经过转型升级，目前已经形成了完整的“3D打印模式”产业链。这里所说的3D打印模式，并非是用3D打印的形式来生产服装，而是信息化与工业化“两化”的深度融合，用户个性化需求通过互联网技术汇集到企业，企业对其进行私人定制（量体定制，MTM——预订时间方法），用工业化效率制造个性化的产品。

同时，可使传统服装企业的效益提高2倍以上。一件衣服从客户在红领的网上平台提交相关需求信息到从红领的生产车间“私人定制”出来，只需一周时间。

4. 集成和整体解决方案模式

鼓励制造企业向产业上下游延伸，生产供应链中配套产品，系统集成，提供给客户全过程的问题解决方案。制造企业也可运用核心技术、品牌影响和市场优势，提供给周边、关联和非关联的客户产品的总集成、总承包，提供系统化整体解决方案，提供一体化的产品设计、方案咨询、系统设计、系统设备提供、系统安装与调试以及配套场地开发与建设等复杂产品系统组合的交钥匙工程。

杭汽轮集团在销售业务上从过去单一地“卖产品”到如今的“卖方案”“卖服务”。以前杭汽轮出售一台汽轮机后不再提供其他服务，如今除了将汽轮机卖给用户外，还配套发电机、控制系统、集成供应，再进行普及、安装、调试、运行、维护、后期服务，相当于卖了一套解决方案，利润大幅提高。

5. 产品全寿命周期服务模式

围绕产品推出和完善用户技术咨询、培训、供应链管理，以及整体解决方案、金融保险等服务产品，适时开展全产业链咨询服务，构建服务比较优势。鼓励企业逐步开展产品回收与再利用服务，节约资源、清洁生产、减少浪费和污染，承担和履行企业社会责任。

浙江超威集团是生产新能源汽车电池的企业，实现了产品全寿命周期的管理。从电池的订购、原料配送、生产制造、物流配送、使用维护、废电池回收并粉碎后作为生产原料再利用，实现了产品全寿命服务，也推动了绿色制造和循环经济的发展。

6. 电子商务平台的运营模式

鼓励工业品制造企业和消费品制造企业尝试依托 B2B 和 B2C 第三方综合商务平台开拓市场和对接终端需求；鼓励有开展电子商务条件的制造企业采取 O2O 商业模式；鼓励具有品牌影响力的企业以企业信息系统为基础，统筹资源自建垂直电子商务平台，侧重品牌宣传、产品与品牌营销、个性化产品设计、客户体验与互动、数据积累与分析，并与第三方综合商务平台对接。

宝钢集团构建了面向行业的第三方电子商务服务平台，即成立了东方钢铁电子商务有限公司。经过探索，东方钢铁电子商务实现了从企业电子商务平台到第三方综合性电子商务平台、行业垂直型电子商务平台的转型。

7. 融资租赁灵活的销售模式

鼓励企业积极开展消费信贷、融资租赁等新型服务形式，促进销售，扩大市场。

徐工租赁公司以徐工集团主机制造企业及上游供应商、下游经销商和最终用户为服务对象，以信息化为技术支撑，以融资租赁业务解决方案为主要方向，为供应链上下游用户配套提供在线供应链金融、资产运作、经营租赁等综合服务，成功建立了适合工程机械行业特点的商业模式和服务模式。

8. 周到的产品售后服务模式

服务型制造包含了制造业与服务业的融合发展，也注重于制造产业链下游的服务，做好售后产品服务是服务产品与用户直接交流的窗口，是与用户建立直接联系的重要渠道。因此，要建立完整的售后服务体系，包括产品召回制度等，实实在在为用户着想，为用户服务，把用户作为朋友，让用户产生信任感、依赖感。海尔集团已经成为家喻户晓的售后服务典范，其产出服务也为生产性服务业提供了发展空间，形成了新业态。

9. 检验检测的双向服务模式

具有技术特色和优势的企业将内设的检验检测部门注册成为法人实体性质的检验检测中心，积极获取检验检测资质，利用知识技术优势对内对外开展产品检验检测等服务，提高企业经济效益。

戚墅堰机车车辆工艺研究所有限公司 2014 年成立了焊接和无损检测培训中心，并成功成为德国莱茵 TUV 在中国认证的唯一一家国际焊接和无损检测培训、考试及专业质量体系认证机构。在机械传动系统、工程机械装置、车钩缓冲装置、摩擦磨损和制动、结构疲劳强度五大试验方面成为我国国家铁路产品质量监督检验中心的重要组成部分，检验服务创造了良好的企业经济效益。

10. 第三方服务外包发展模式

鼓励一般性企业专注于核心生产过程和柔性生产，充分利用服务型制造具备的特点实施外包，可将研发、工业设计、生产制造、物流、销售、电子商务运营、产品全寿命周期管理和服务等方面中不具有比较优势的环节，以及合同能源管理、环境修复与保护、产品回收与利用等新型服务，外包给专业化的生产性服务企业和制造企业，通过服务外包整合优势资源、降低成本、提高效率；企业自身通过对核心技术或生产工艺的掌控以及持续的技术升级更新，保持核心竞争能力，锁定用户和市场。

北京小米科技有限责任公司成立于 2010 年，2011 年销售额仅为 5 亿元，2012 年达到 126 亿元，2013 年达到 316 亿元，2014 年达到 743 亿元。然而，小米公司总部只有研发设计人员，其生产、物流、销售等业务全部外包给合作企业，小米通过互联网与合作伙伴进行业务联系，运营着庞大的企业网络。

11. “互联网+”协同创新服务模式

鼓励产业集群或企业集聚区的发展，制造企业在专注核心技术与生产工艺的同时，积极促进以“互联网+”优化知识、技术与生产要素的集中与配置，充分利用互联网、物联网、大数据、云计算等先进信息技术深度挖掘用户需求，基于知识发展模块化生产，发挥各自比较优势，与相关企业在研发设计、制造工艺流程和业务流程之间进行协同协作，依靠“两化”深度融合共同构建柔性制造系统，共同完成产品服务系统的研发、生产和交付，更灵活、更快速地应对个性化、多样化的客户需求。

海尔集团利用“互联网+”提高了产品服务功能。海尔有一款冰箱随时可以通过互联网和物联网及 APP 向用户提供冰箱储存物品的信息，按物品分区放置不难发现牛肉没有了，鸡蛋储藏时间长了等信息，如需要购买冰箱内短缺的物品，用户通过手机完成购买，公司可以协同物品生产和物流企业，实时提供配送服务。

12. 品牌引领的市场竞争模式

鼓励企业借助知识产权、核心技术等无形资产来打造品牌竞争优势，专注于品牌经营、研发创新、质量管理、营销推广等核心环节，外包其他环节；利用品牌知名度、影响力和市场占有率整合产业资源，通过灵活高效的供应链信息系统、物流配送体系、逆向物流服务系统，构建包括供应商、加盟商、分销商在内的产业链联盟，快速响应客户需求，引领行业发展。

海澜集团把研发和管理留在总部，生产环节外包，通过整合社会产能资源、打造产业链战略联盟、构筑千店一面的营销网络，依靠自身品牌的价值和力量将供应商、加盟商等结合为利益共同体，实现了产业链各环节各司其职、各获一个全新的商业模式。海澜之家在新桥总部没有一套制衣设备和一个制衣工人，不占用一分土地建造厂房生产成衣，2013 年海澜之家零售总额却超过百亿元。

13. 金融保险助推收益的模式

在国家政策许可下，有条件的企业开展金融活动，吸纳社会资金和为制造业创新驱动、研发首台（套）重大技术装备提供保险等经济活动，为制造业企业的运营和可持续发展提供保障。

正泰集团股份有限公司和浙江华峰氨纶股份有限公司作为股东参与了温州民商银行的建立，2015 年 3 月 26 日正式对外营业。温州民商银行注册资本为 20 亿元人民币，正泰集团股份有限公司和浙江华峰氨纶股份有限公司作为主发起人，持股比例分别为 29% 和 20%。这是首批民营银行试点中，第一家正式对外营业的银行。

发展服务型制造是《中国制造 2025》中的九大任务之一，是制造业新型的发展模式，需要国家政府部门给予政策上的支持和扶植。可以预见，服务型制造在我国工业企业转型升级、提质增效和建设制造业强国中，将发挥日益重要的作用。

3.3 从生产型制造到服务型制造

3.3.1 制造业与服务业融合发展的趋势和特点

2013 年我国服务业超过工业成为国民经济的第一大产业，2014 年服务业固定资产投资达到 28 万亿元，成为最大的投资领域。这意味着我国经济结构和产业结构正在发生深刻变化。面对服务业迅速发展和制造业发展遭遇瓶颈，如何处理产业间的关系，就是要在新发展理念统领下，大力推进供给侧构性改革，着力打造先进高端制造业和现代优质服务业，推进二者融合发展，互促共进。

一、服务业和制造业融合发展的趋势较明显

新一代信息技术创新异常活跃，技术的不断突破、融合渗透及广泛应用，推动制造业和服务业升级发展，产业融合态势日趋明显。服务业与制造业融合、互动成为全球产业发展的主流和趋势，也成为产业结构演变的一般规律。随着服务业分工深化与服务创新，服务业领域不断拓宽，服务业与制造业实现融合发展的趋势日渐明显。生产性服务业和新兴服务业对制造业生产和价值链组织方式的渗透，主要体现在制造业服务化、服务业制造化、服务外包等模式驱动的全产业链创新发展上。

美国作为制造服务化程度最高的国家，其制造与服务融合型企业占制造企业的比重达 58%，GE 的“技术+管理+服务”模式所创造的产值已经占到公司总产值的 2/3 以上。在产业边界被逐渐打破的同时，建立在细化分工基础上的服务业和制造业互促共进将成为产业发展的主旋律。

二、制造业服务化与服务业制造化相向发展

随着全球价值链的深入发展，服务业和制造业已经表现出与以前明显不同的本质特征。一方面，制造业为了提升其在产品市场中的竞争优势，将价值链

由以制造为中心向以服务为中心转变，服务作为中间投入要素，被越来越多地加入到在制造业产品的生产中，进而提升其附加值，增加产品的价值，并且在制造业产品的消费过程中消费大量的互补性服务，从而使得制造业向服务业发展，制造业服务化的现象日益明显。

另一方面，服务也逐渐摆脱过去的小生产方式，将更多的工业化生产方式融入其中，从而发挥规模经济效应，提高生产率，力求克服“鲍莫尔成本病”（美国经济学家威廉·鲍莫尔建立两部门宏观经济增长模型，他认为进步部门的生产率相对快速增长将导致停滞部门出现相对成本的不断上升），服务业制造化现象日渐明显。比如，一些在全球价值链上游的服务企业具有设计、研发、销售渠道、管理等各方面优势，凭借这些优势，企业通过连锁经营、贴牌生产等方式融入制造企业。又如，物流公司拥有自己的网络，设计机构拥有自主创新设计，研发企业拥有自己的专利，凭借其在产业链高端的控制力，建造自己的制造工厂。总之，这种在技术与制度创新基础上的、不同行业之间的相互渗透、相互交叉，最终融合的过程是个动态的过程。

三、分工深化下的“制造外包”与“服务外包”

随着产业分工的进一步深化，“服务外包”和“制造外包”两种方式使得先进制造业和现代服务业相互融合的趋势愈加明显。这种“外包”模式不仅使制造业与服务业的分工进一步深化，在一定程度上提升了服务专业化水平，而且加深了制造业与服务业之间的关联，协同性与密切性逐渐提高，极大促进了服务业的国际化、规模化和市场化。

从企业角度来看，制造业和服务业的生产要素及生产环境各具差异，因此决定了两类外包企业在发展过程中的演化机制存在差异。从分工角度分析，分工的深化及重构使得制造业与服务业出现了新的融合态势。从交易成本分析，相对于服务外包企业，制造外包企业的交易成本相对结构更加简单、稳定。从资源的整合方向看，制造外包企业的核心资源整合是从原材料及有形的劳动力到品牌及无形的技术发明，而服务外包企业核心资源整合的形式是从无形的文化、知识、信息到技术延伸及无形的品牌。制造外包企业通过新的生产要素投入、市场创新延长全球价值链，而服务外包企业通过服务增值、商业创新获取价值链治理能力。

四、推动两业融合发展的主要领域

一是新一代信息技术领域。这个领域创新异常活跃，技术在不断突破，对外产业融合态势日趋明显。随着服务业分工深化与服务创新，服务业领域不断拓宽，服务业与信息技术产业实现融合发展是大势所趋。制造业服务化、服务业制造化的特征将变得更加明显。

美国作为信息技术产业制造服务化程度最高的国家，其制造与服务融合型企业占制造企业的比重达58%，GE的“技术+管理+服务”模式所创造的产值已经占到公司总产值的2/3以上。在产业边界被逐渐打破的同时，建立在信息技术细化分工基础上的服务业和制造业互促共进将成为产业发展的主旋律。

二是处于同一价值链上的制造业和服务业。当前，价值链以制造为中心正向以服务为中心转变，服务作为中间投入要素，被越来越多地加入到在制造业产品的生产中，进而提升产品附加值。特别是处于同一产业链、价值链上的制造业和服务业，利用服务业特有的设计、研发、销售渠道、管理等各方面优势，以及其在产业链高端的控制力，有利于实现技术与制度创新基础上的相互渗透、相互交叉、相互融通。

三是“制造外包”与“服务外包”企业。“服务外包”和“制造外包”两种方式使得先进制造业和现代服务业相互融合愈加明显。制造外包企业的核心资源整合包括原材料、劳动力以及品牌和技术发明，而服务外包企业核心资源整合包括无形的文化、知识、信息到技术延伸及品牌。制造外包企业通过新的生产要素投入、市场创新延长全球价值链，而服务外包企业通过服务增值、商业创新获取价值链治理能力。

四是具有全球化视野的跨国企业。跨国企业为凸显优势业务、提升核心竞争力将一些服务外包，形成了国家间的产业转移以及生产性服务业的发展。愈来愈多的制造业跨国公司不再只生产产品，还进一步提供配套服务、技术支持等，服务业所带来的营业收入和利润占总体的比例也越来越高。

3.3.2 生产性服务、服务型制造与服务外包产业内涵解读

随着经济的全球化趋势和服务化趋势的增强，一些国家和地区正在致力于发展和提升本地区服务业的发展水平。同时在这个大背景下，服务外包是暨全球制造外包之后的又一轮新的产业专业。服务外包产业是现代高端服务业的重要组成部分，具有信息技术承载度高、附加值大、资源消耗低、环境污染少、吸纳就业能力强、国际化水平高等特点。深入分析服务外包、服务外包产业与生产性服务业之间存在何种内在的联系，对发展与承接国际服务外包及生产性服务，并制定和出台旨在促进其共同发展的配套政策体系，具有重要的理论和现实意义。

一、服务外包与服务外包产业之间的关系

服务外包与服务外包产业是两个不同的概念，但是服务外包和服务外包产业既有区别又有联系。两者的区别是，服务外包是从发包方的角度而言的，指企业将服务业务分包出去的过程；服务外包产业是从承包方的角度而言的，指众多的从事服务接包的企业的总称。两者的联系是，企业的服务外包是服务外包产业产生和发展的拉动力；服务外包产业的成熟与否直接关系到服务外包企业获得服务产品的质量。服务外包与服务外包产业之间的关系可以用图 3-1 来表示。其中，图中的箭头表示企业进行服务外包的过程。可见在一定的区域范围内，众多的接包企业的总体就具有了产业的性质，即服务外包产业。

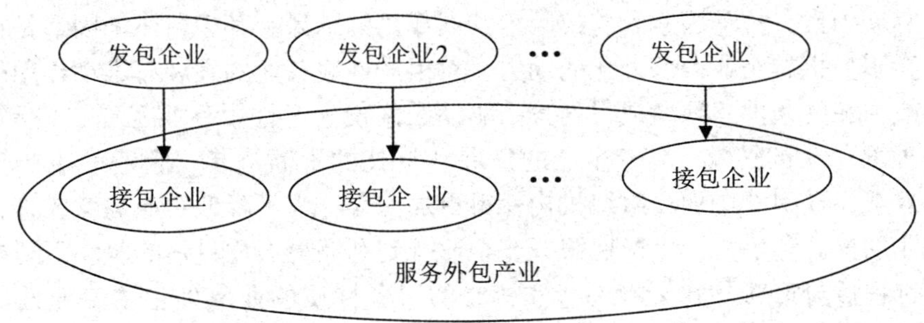

图 3-1 服务外包与服务外包产业之间的关系

二、服务外包产业与生产性服务业之间的关系

从服务外包的内容看，服务外包产业是一种生产性服务业，即服务外包产业属于生产性服务业的范畴。根据我国《国民经济行业分类》（GB/T4754—2002），服务外包业务都属于服务业的范畴。服务外包实际上可以看作通过外包这一特定的交易方式实现的特殊国际服务贸易。或者从产品内分工视角观察是以服务工艺流程为交易对象发生的特殊的国际服务贸易。生产性服务业主要包括：金融保险业、房地产业、信息咨询代理服务业、计算机应用服务业、科学研究与综合技术服务业、商务服务业，可见服务外包业务同样属于生产性服务业的范畴（见图 3-2）。

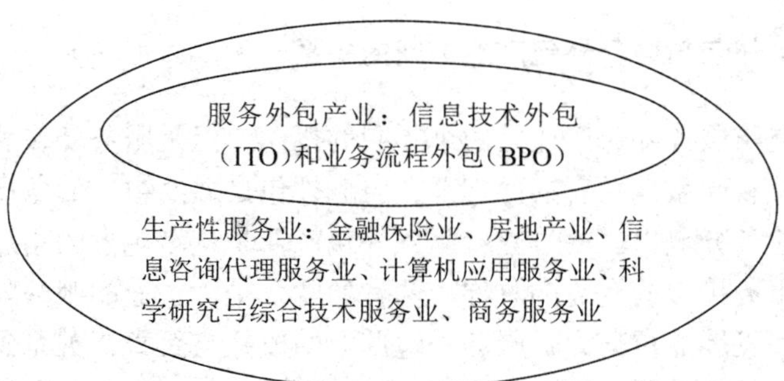

图 3-2 服务外包产业与生产性服务业之间的关系

通过运用系统思想对生产性服务业发展机制进行分析，生产性服务业的发展是驱动因素、拉动因素和支撑因素共同作用的结果。其中，驱动因素是指使生产性服务也有企业内部外化的动力，对生产性服务业的发展有推动作用的外在的或内在的条件、环境或目的等。驱动因素使生产性服务业实现“内部化”向“外部化”的转变。随着生产的发展和科技的不断进步，企业的生产过程变得复杂，迂回性增加，组织机构变得更加庞大，为了降低企业运营成本，提升企业的核心竞争力，生产性服务业企业受到利润最大化目标的驱动，开始将生产过程进行重新分解，将一些非核心的服务性质的业务外包给专业性的企业，进而实现生产性服务业的“内部化”向“外部化”的过程。服务外包的动机及实现过程对生产性服务业发展具有重要的推动作用（见图 3-3）。

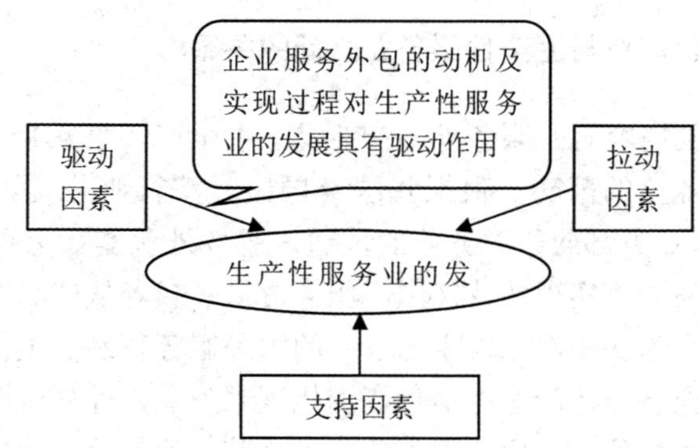

图 3-3 服务外包与生产性服务业之间的关系

三、服务外包、服务外包产业与生产性服务业之间的关系

通过分析服务外包与服务外包之间的关系，服务外包产业与生产性服务业

之间的关系，服务外包与生产性服务业之间的关系，可见三个概念之间不是孤立的，而是彼此之间存在一定内在联系的（见图 3-4），生产性服务业发展的过程中伴随着企业服务外包的过程，众多的企业服务外包的动机及实现的过程对生产性服务业的发展具有驱动作用；在一定的区域范围内，众多的服务外包企业（或接包企业）的总体形成了服务外包产业，服务外包产业属于生产性服务业的范畴；一个地区承接服务外包业务的规模的大小对本地区生产性服务业的发展产生影响，当该地区承接的服务外包业务规模较大时，对本地区的生产性服务业发展具有积极的作用，反过来，一个地区的生产性服务业的发展水平，决定了该地区承接服务外包业务的能力，对于一个生产性服务业发展水平较高的地区来讲，其能够提供服务外包产业发展的基础设施、配套产业体系、政策法律环境等，进而该地区在承接服务外包业务时，往往容易受到发包企业的青睐。

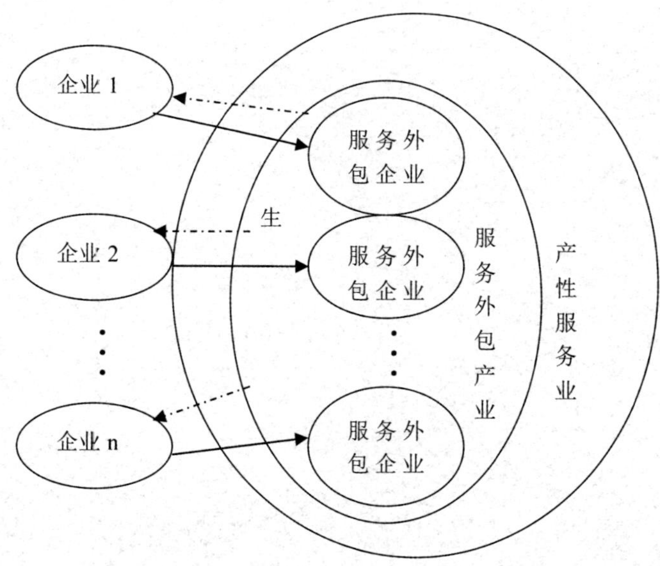

图 3-4　服务外包、服务外包产业与生产性服务业之间的关系

说明：图中实线箭头表示企业的服务过程，虚线箭头表示生产性服务业发展水平对该地区承接服务外包业务能力产生影响。

四、对我国发展服务外包产业与生产性服务业的启示

基于对服务外包、服务外包产业及生产性服务业基本内涵的界定，本书对智能制造生产性服务的研究，更确切地说是对智能制造生产性服务业中的服务

外包产业的研究。这个转变是把传统服务外包侧重的服务类企业的信息技术开发与维护、业务流程服务等范围，投向制造类企业的生产性服务的范围，从而找到更广泛的服务外包类型，为人才培养和产业发展提供方案。

同时，由于服务外包、服务外包产业及生产性服务业之间存在着内在的联系，政府相关管理部门在制定和出台相关产业政策时，应注意政策的协调性、互补性及完备性；一些地区在制定服务外包产业发展规划时，应根据本地区生产性服务业发展水平，对本地区如何发展服务外包产业进行合理定位；企业服务外包的动机及实现过程是生产性服务业发展的重要推动力量，制定和出台促进企业进行服务外包的配套政策，有利于促进本地区生产性服务业的发展，进而有利于提升本地区承接服务外包的能力，促进本地区服务外包产业的发展。

4 智能制造解读

4.1 中国制造 2025 与工业 4.0

智能制造是当前中国制造业转型升级的必经之路。当前云计算、大数据、5G、虚拟/增强现实和物联网等新兴技术逐渐兴起，给制造业企业带来了新的转型思路。因此，世界主要经济体纷纷提出了利用信息技术和人工智能提升传统制造业发展的国家级战略和规划，如美国的“先进制造业国家战略计划”、德国的“工业 4.0”以及中国的“中国制造 2025”等，制造业已成为各国在新一轮技术革命和产业变革中占据制高点的必争战场。

本章将对中国与德国的智能制造战略、定义、技术、能力模型和实施等进行解读，下面一节以智能制造最典型的核心实现形式——智能工厂为例，介绍智能工厂的架构、功能、关键技术、业务流程和物流等。这些内容是智能制造的大环境，是本书后续各章研究智能制造生产性服务业的基础。

4.1.1 中国制造 2025 解读

《中国制造 2025》是着眼于整个国际国内的经济社会发展、产业变革的大趋势所制定的一个长期的战略性规划。该政策贯穿了应对新一轮科技革命和产业变革的内容，重点实施了制造业创新中心建设、智能制造、工业强基、绿色发展、高端装备创新五大工程，编制了一个制造行业高端领域的技术路线图。

围绕实现制造强国的战略目标，《中国制造 2025》明确了“一、二、三、四、五”战略任务和重点，提出了“十个领域”以及“五大工程”的战略支撑和保障。

“一”，就是从制造业大国向制造业强国转变，最终实现制造业强国的一个目标。

“二”，就是通过两化融合发展来实现这一目标。党的十八大提出了用信息化和工业化两化深度融合来引领和带动整个制造业的发展，这也是我国制造业所要占据的一个制高点。

“三”，就是要通过“三步走”的一个战略，大体上每一步用十年左右的时间来实现我国从制造业大国向制造业强国转变的目标。

“四”，就是确定了四项原则。第一项原则是市场主导、政府引导。第二项原则是既立足当前，又着眼长远。第三项原则是全面推进、重点突破。第四项原则是自主发展和合作共赢。

“五五”，就是有两个“五”。第一就是有五条方针，即创新驱动、质量为先、绿色发展、结构优化和人才为本。还有一个“五”就是实行五大工程，包括制造业创新中心建设的工程、强化基础的工程、智能制造工程、绿色制造工程和高端装备创新工程。

十个领域包括新一代信息技术产业、高档数控机床和机器人、航空航天装备、海洋工程装备及高技术船舶、先进轨道交通装备、节能与新能源汽车、电力装备、农机装备、新材料、生物医药及高性能医疗器械等十个重点领域。

五大工程包括制造业创新中心建设工程、智能制造工程、工业强基工程、绿色制造工程和高端设备创新工程。

其中，智能制造工程的要求是，紧密围绕重点制造领域关键环节，开展新一代信息技术与制造装备融合的集成创新和工程应用。依托优势企业，紧扣关键工序智能化、关键岗位机器人替代、生产过程智能优化控制、供应链优化，建设重点领域智能工厂/数字化车间。在基础条件好、需求迫切的重点地区、行业和企业中，分类实施流程制造、离散制造、智能装备和产品、新业态新模式、智能化管理、智能化服务等试点示范及应用推广。建立智能制造标准体系和信息安全保障系统，搭建智能制造网络系统平台。

到 2020 年，制造业重点领域智能化水平显著提升，试点示范项目运营成本降低 30%，产品生产周期缩短 30%，不良品率降低 30%。到 2025 年，制造业重点领域全面实现智能化，试点示范项目运营成本降低 50%，产品生产周期缩短 50%，不良品率降低 50%。

4.1.2 工业4.0解读

2011年德国汉诺威工业博览会上，德国相关协会提出工业4.0的初步概念，此后德国机械设备制造联合会等协会牵头，来自企业、政府、研究机构的专家成立了“工业4.0工作组”进一步加强工业4.0的研究并向德国政府进行报告，2013年发表了工业4.0标准化路线图，组建了由协会和企业参与的工业4.0平台，德国政府也将工业4.0纳入《高技术战略2020》中，工业4.0正式成为一项国家战略。德国还计划制订推进工业4.0的相关法律，把工业4.0从一项产业政策上升为国家法律。

德国工业4.0核心技术是CPS（Cyber Physical System，信息物理融合系统），即虚拟网络+实体物理系统，这也是德国最擅长的嵌入式系统的技术进化方向。它的本质是基于“信息物理系统”实现智能工厂，核心是可动态配置的生产方式。

工业4.0的两大主题是智能工厂和智能生产。智能工厂是未来智能基础设施的关键组成部分，重点研究智能化生产系统及过程以及网络化分布生产设施的实现。而智能生产侧重点在于将人机互动、智能物流管理、3D打印等先进技术应用于整个工业生产过程，从而形成高度灵活、个性化、网络化的产业链，其中核心是智能生产。

德国工业4.0有如下的特征。

（1）趋向于未来的智能工厂，更趋向于硬配置、重生产、偏技术的微观变革，偏自上而下的人为导向，着眼点偏微观。

（2）受限于德国制造业传统的文化，德国工业4.0缺乏“开源、开放、共创、共享”的互联网思维。

（3）需要进行大量的设备升级，将耗用大量的资本。

（4）传感器是工业4.0时代的核心组件，传感器通过将物理信息系统转换为标准信号，反馈到CPS，是未来工业4.0时代的核心基础技术。

4.1.3 智能制造与传统制造的比较

智能制造是一种由智能机器系统和人类专家共同组成的人机一体化智能系统，通过人与智能机器系统的合作，去扩大、延伸和部分地取代人类专家在制造过程中的脑力劳动。它更新了制造自动化的概念，使其扩展到柔性化、智能化和高度集成化。智能制造与传统制造的异同点主要体现在产品的设计、产品的加工、制造管理以及产品服务等几个方面，具体见表 4-1。

表 4-1 智能制造与传统制造的异同

分类	传统制造	智能制造
设计	常规产品 面向功能需求设计 新产品周期长	虚实结合的个性化设计、个性化产品 面向客户的需求设计 数值化设计，周期短，可实时动态改变
加工	加工过程按计划进行 半智能化加工与人工检测 生产高度集中组织 人机分离 减材加工成型方式	加工过程柔性化，可实时调整 全过程智能化加工与在线实时检测 生产组织方式个性化 网络化过程实时跟踪 网络化人机交互与智能控制 减材、增材多种加工成型方式
管理	人工管理为主 企业内管理	计算机信息管理技术 机器与人交互指令管理 延伸到上下游企业
服务	产品本身	产品全生命周期

由表可见，相比较传统的制造而言，智能制造的特点包括数字化的设计、柔性化加工、制造过程的实时监控和生产的智能管理，这些都需要信息技术、网络技术和人工智能技术的强有力的支持。

4.2 智能制造能力模型解读

智能制造能力成熟度模型由中国电子技术标准化研究所在 2016 年 9 月发布，该模型把智能制造分为了若干个成熟度等级，每个等级都包含了相应的能力要求，给企业提供了一个逐步实施智能制造的步骤和方法。本书对该模型进行一定的改进，并在成熟度能力模型的基础上，介绍了企业实施智能制造的准备基础，以及智能制造从 2.0 到 4.0 不同成熟度等级的部署落地的实施方法。

4.2.1 智能制造能力模型架构

智能制造系统能力成熟度模型架构从生命周期、系统层级、智能功能 3 个维度统筹考虑，进一步分解形成设计、生产、物流、销售、服务、资源要素、互联互通、系统集成、信息融合、新兴业态 10 大类核心能力要素，并对每一类核心要素分解为域以及五级的成熟度要求。

智能制造能力成熟度矩阵是模型架构的具体实例，涵盖了智能制造能力成熟度模型所涉及的核心内容，是模型组成部件的展现。本模型分解为设计、生产、物流、销售、服务、资源要素、互联互通、系统集成、信息融合、新兴业态 10 大类能力以及细化的 27 个要素域，对每个域进行分级，每一级别对应相应的要求，构成智能制造能力成熟度矩阵，模型架构与能力成熟度矩阵的关系如表 4–2 所示。

模型由维度、类、域、等级和成熟度要求等内容组成。维度、类和域是“智能+制造”两个维度的展开，是对智能制造核心能力要素的分解。等级是类和域在不同阶段水平的表现，成熟度要求是对类和域在不同等级下的特征描述。

1. 维度、类和域

“智能+制造”两个维度是我们论述智能制造能力成熟度模型的起点，代表了我们对智能制造本质的理解，也可以理解为 OT（运营技术）+IT（信息技术）在制造业的应用。

制造维体现了面向产品的全生命周期或全过程的智能化提升，包括了设计、生产、物流、销售和服务 5 类，涵盖了从接收客户需求到提供产品及服务的整个过程。与传统的制造过程相比，智能制造的过程更加侧重于各业务环节的智能化应用和智能水平的提升。

智能维是智能技术、智能化基础建设、智能化结果的综合体现，是对信息物理融合的诠释，完成了感知、通信、执行、决策的全过程，包括了资源要素、互联互通、系统集成、信息融合和新兴业态 5 大类，引导企业利用数字化、网络化、智能化技术向模式创新发展。

类和域代表了智能制造关注的核心要素，是对“智能+制造”两个维度的深度诠释。其中，域是对类的进一步分解。

10 大类核心要素相互作用才能达到智能制造的状态。将各种制造资源要素（人、机器、能源等）与制造过程（设计、生产、物流、销售和服务）等物理世界的实体及活动数字化并接入到互联互通的网络环境下，对各种数字化应用进行系统集成，对信息融合中的数据进行挖掘利用并反馈优化制造过程和资源要素，推动组织最终达到个性化定制、远程运维与协同制造的新兴业态。

表 4-2 模型架构与能力成熟度矩阵关系图

类	制造维													智能维													
	设计			生产						物流	销售	服务		资源要求				互联互通		系统集成		信息融合			新型业态		
域	产品设计	工艺设计	工艺优化	采购	计划与调度	生产作业	质量控制	仓储与配送	安全与环保	物流管理	销售管理	客户服务	产品服务	战略和组织	雇员	设备	能源	网络环境	网络安全	应用集成	系统安全	数据融合	数据应用	数据安全	个性化定制	远程运维	协同制造
5	√	√	√	√	√	√	√	√	√	√	√	√	√	√	√	√	√	√	√	√	√	√	√	√	√	√	√
4	√	√	√	√	√	√	√	√	√	√	√	√	√	√	√	√	√	√	√	√	√	√	√	√			
3	√	√	√	√	√	√	√	√	√	√	√	√	√	√	√	√	√	√	√	√	√						
2	√	√	√	√	√	√	√	√	√	√	√	√	√	√	√	√	√										
1	√	√	√	√	√	√	√	√	√	√	√	√	√	√	√	√	√										

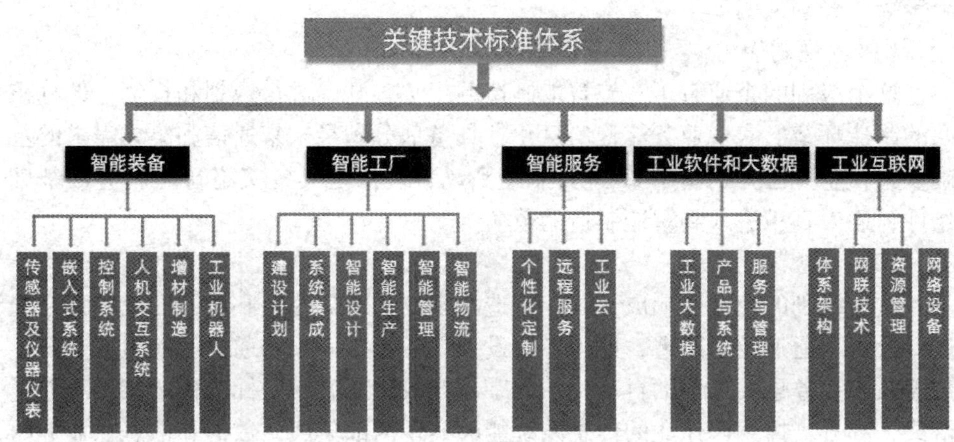

图 4-1 智能制造关键技术标准体系

图 4-1 中，智能装备包括传感器、嵌入式系统、控制系统、人机交互系统、增材制造、工业机器人六个方面。智能工厂包括建设计划、系统集成、智能设计、智能生产、智能管理以及智能物流六个方面。智能服务包括个性化定制、远程服务以及工业云三个方面。工业软件和大数据包括工业大数据、产品与系统，以及服务与管理三个方面。工业互联网包括体系架构、网联技术、资源管理，以及网络设备四个方面。

4.2.2 智能制造能力模型成熟度等级

类和域代表了智能制造关注的核心要素，是对“智能+制造”两个维度的深度诠释。其中，域是对类的进一步分解。将各种制造资源要素（人、机器、能源等）与制造过程（设计、生产、物流、销售和服务）等物理世界的实体及活动数字化并接入到互联互通的网络环境下，对各种数字化应用进行系统集成，对信息融合中的数据进行挖掘利用并反馈优化制造过程和资源要素，推动组织最终达到个性化定制、远程运维与协同制造的新兴业态。

等级定义了智能制造的阶段水平，描述了一个组织逐步向智能制造最终愿景迈进的路径，代表了当前实施智能制造的程度，同时也是智能制造评估活动的结果。

一、成熟度等级

智能制造能力成熟度共分为规划级、规范级、集成级、量化级和优化级 5

个等级，分别说明如下：

1 级：规划级

这个级别的企业有了实施智能制造的想法，开始进行规划和投资。部分核心的制造环节已实现业务流程信息化，具备部分满足未来通信和集成需求的基础设施，企业已开始基于 IT 进行制造活动，但只是具备实施智能制造的基础条件，还未真正进入到智能制造的范畴。

2 级：规范级

这个级别的企业已形成了智能制造的规划，对支撑核心业务的设备和系统进行投资，通过技术改造，使得主要设备具备数据采集和通信的能力，实现了覆盖核心业务重要环节的自动化、数字化升级。通过制定标准化的接口和数据格式，部分支撑生产作业的信息系统能够实现内部集成，数据和信息在业务内部实现共享，企业开始迈进智能制造的门槛。

3 级：集成级

这个级别的企业对智能制造的投资重点开始从对基础设施、生产装备和信息系统等的单项投入，向集成实施转变，重要的制造业务、生产设备、生产单元完成数字化、网络化改造，能够实现设计、生产、销售、物流、服务等核心业务间的信息系统集成，开始聚焦工厂范围内数据的共享，企业已完成了智能化提升的准备工作。

4 级：量化级

这个级别的企业内的生产系统、管理系统以及其他支撑系统已完成全面集成，实现了工厂级的数字建模，并开始对人员、装备、产品、环境所采集到的数据以及生产过程中所形成的数据进行分析，通过知识库、专家库等优化生产工艺和业务流程，能够实现信息世界与物理世界互动。从 3 级到 4 级体现了量变到质变的过程，企业智能制造的能力快速提升。

5 级：优化级

优化级是智能制造能力建设的最高程度，在这个级别下，数据的分析使用已贯穿企业的方方面面，各类生产资源都得以最优化的利用，设备之间实现智能自治的反馈和优化，企业已成为上下游产业链中的重要角色，个性化定制、网络协同、远程运维已成为企业开展业务的主要模式，企业成为本行业智能制造的标杆。

企业在实施智能制造时，应按照逐级递进的原则，从低级向高级循序演进，要注重投资回报率。企业应该根据自身的业务发展现状、市场定位、客户需求和资金投入情况，来选择合适的等级确定智能制造的发展方向。需要注意的是，并非只有最高级才是适合每个企业的最佳选择。

智能制造能力成熟度模型可用于企业现有生产智能程度的诊断评估、统计分析以及改进提升，可供产业主管部门、制造企业、解决方案提供商、第三方机构等四类主体使用，适用于所有制造企业，不受行业限制。

二、成熟度具体要求

成熟度具体的要求描述了为实现域的特征而应满足的各种条件，是判定企业是否实现该级别的依据。每个域下分不同级别的成熟度要求，其中对制造维及资源要素的要求是从 1 级到 5 级，对互联互通和系统集成的要求是从 3 级到 5 级，对信息融合的要求从 4 级到 5 级，对新兴业态的要求只有第 5 级。

1. 设计

设计是通过产品及工艺的规划、设计、推理验证以及仿真优化等过程，形成设计需求的实现方案。设计能力成熟度的提升是从基于经验设计与推理验证，到基于知识库的参数化/模块化、模型化设计与仿真优化，再到设计、工艺、制造、检验、运维等产品全生命周期的协同，体现对个性化需求的快速满足。

2. 生产

生产是通过 IT 与 OT 的融合，对人、机、料、法、环五大生产要素进行管控，以实现从端采购、生产计划管理到后端仓储物流等生产全过程的智能调度及调整优化，达到柔性生产。生产能力成熟度的提升是从以生产任务为核心的信息化管理开始，到各项要素和过程的集中管控，最终达到从采购、生产计划与排产、生产作业、仓储物流、完工反馈等全过程的闭环与自适应。

3. 物流管理

物流管理是将产品运送到下游企业或用户的过程，利用条形码、射频识别、传感器以及全球定位系统等先进的物联网技术，通过信息处理和网络通信技术平台实现运输过程的自动化运作、可视化监控和对车辆、路径的优化管理等，以提高运输效率、减少能源消耗。物流能力成熟度的提升是从订单、计划调度、信息跟踪的信息化管理开始，到通过多种策略进行管理，最终实现精益化管理和智能物流。其关注点在于订单管理，运输计划与调度管理、物流信息的跟踪与反馈，运输路径的优化等。

4. 销售

销售管理是以客户需求为核心，利用大数据、云计算等技术，对销售数据、行为进行分析和预测，带动生产计划、仓储、采购、供应商管理等业务的优化调整。销售能力成熟度的提升是从销售计划、销售订单、销售价格、分销计划、客户关系的信息化管理开始，到客户需求预测/客户实际需求拉动生产、采购和物流计划，最终实现通过更加准确的销售预测对企业客户管理、供应链管理与生产管理进行优化，以及个性化营销等。其关注点在于销售数据挖掘、销售预测及销售计划、销售业务与相关业务的集成以及销售的新模式。

5. 服务

服务是通过对客户满意度调查和使用情况跟踪，对产品的运维情况统计分析，反馈给相关部门，维护客户关系，提升产品过程，达到从纵向挖掘客户对产品功能和性能的要求，进而从横向拓展客户群。服务能力成熟度的提升是服务方式从线下、线上、云平台和移动客户端、客服机器人/现场、线上线下远程指导、远程工具、远程平台、AR/VR 的转变，最终能够提供个性化客户服务和基于知识挖掘的创新性产品服务。

6. 资源要素

资源要素是对组织的战略、组织结构、人员、设备及能源等要素的策划、管理及优化，为智能制造的实施提供基础。资源要素能力成熟度的提升体现了从管理愿景的策划，到运用信息化手段进行管理、到决策智能化的转变，体现了组织智能化管理水平的提升。

7. 互联互通

互联互通是现场总线、工业以太网、无线网络等在工厂中的部署和应用，使工厂具备将人、机、物等有机联通的环境。互联互通成熟度的提升是从设备间，到车间、到工厂以及企业上下游系统间的互联互通，体现了对系统集成、协同制造等的支撑。

8. 系统集成

系统集成的目的是实现企业内各种业务、信息等的互联与互操作，最终达到信息物理完全融合的状态。系统集成成熟度的提升是从企业内部单项应用、系统间互联互操作，到企业内全部系统、企业间上下游集成的转变，体现了对资源充分共享。

9. 信息融合

信息融合的核心在于对数据的开发利用，通过数据标准化、数据模型的应用等，实现对设计、生产、服务等流程的优化，提升预测预、自主决策的能力。信息融合成熟度的提升是从数据分析、数据建模到决策优化的过程。

10. 新兴业态

新兴业态是企业在互联网的推动下，采用信息化手段以及智能化管理措施，重新思考和构建制造业的生产模式和组织方式，进而形成的新型商业模式。新兴业态能力成熟度主要体现在智能制造高级阶段，实现了快速、低成本满足用户个性化需求，对设备远程控制，信息资源交互共享的目的，实现企业间、部门间各环节的协同优化。

4.3 智能工厂解读

智能工厂，又称为数字工厂，是指以产品全生命周期的相关数据为基础，在计算机虚拟环境中，对整个生产过程进行仿真、评估和优化，并进一步扩展到整个产品生命周期的新型生产组织方式。

数字化本身其实就是智能的一部分，是一个智能化的入口。智能工厂又是工业 4.0 的基础和落脚点。只有实现了智能工厂，才有可能实现工业 4.0。智能工厂是在信息集成的基础上，对研发、制造、物流和管理等各个环节进行全面的过程集成，构建智能工厂是一项艰巨并且复杂的系统工程。

4.3.1 智能工厂的架构与功能

智能工厂是实现智能制造的基础与前提，它在组成上主要分为企业层、管理层和集成自动化系统三大部分，集成的自动化系统又可具体地细分为操作层、控制层和现场层，见图 4-2。企业层是对产品研发和制造准备进行统一管控，与 ERP 进行集成，建立统一的顶层研发制造管理系统。管理层、操作层、控制层、现场层通过工业网络进行组网，实现从生产管理到工业网底层的网络联接，满足管理生产过程、监控生产现场执行、采集现场生产设备和物料数据的业务要求。除了对产品开发制造过程进行建模与仿真外，还要根据产品的变化对生产系统的重组和运行进行仿真，在投入运行前就要了解系统的使用性能，分析其可靠性、经济性、质量和工期等，为生产制造过程中的流程优化和大规模网络制造提供支持。

企业层	产品工程、PLM、ERP
管理层	生产工程、MES、 工厂生命周期管理系统
集成自动化层 （操作层、控制 层、现场层）	基于实时以太网地工业总线通信接 口；PLC，HMI 过程控制系统、数据采集系统

图 4-2 智能工厂的架构

（1）企业层

企业层对应 PLM 和 ERP，融合了产品设计生命周期和生产生命周期的全流程，对设计到生产的流程进行统一集成式的管控，实现全生命周期的技术状态透明化管理。通过集成 PLM 系统和 MES、ERP 系统，企业层实现了全数字化定义，设计到生产的全过程高度数字化，最终，实现基于产品的、贯穿所有层级的垂直管控。通过对 PLM 和 MES 的融合实现设计到制造的连续数字化数据流转。

（2）管理层

管理层对应 MES，主要实现生产计划在制造职能部门的执行，管理层统一分发执行计划，进行生产计划和现场信息的统一协调管理。管理层通过 MES 与底层的工业控制网络进行生产执行层面的管控，操作人员/管理人员提供计划的执行、跟踪以及所有资源（人、设备、物料、客户需求等）的当前状态，同时获取底层工业网络对设备工作状态、实物生产记录等信息的反馈。

（3）集成自动化系统

自动化系统的集成是从底层出发的、自下而上的，跨越设备现场层、中间控制层以及操作层三个部分，基于 CPS 网络方法使用 TIA 技术集成现场生产设备物理创建底层工业网络，在控制层通过 PLC 硬件和工控软件进行设备的集中控制，在操作层有操作人员对整个物理网络层的运行状态进行监控、分析。

智能工厂架构可以实现高度智能化、自动化、柔性化和定制化，研发制造网络能够快速适应市场的需求，实现高度定制化的节约生产。

4.3.2 智能工厂的关键技术

按照西门子公司的观点，智能工厂涉及的关键技术主要有：数字化建模技术、虚拟现实技术、优化仿真技术和应用生产技术等。

智能工厂是建立在数字化模型基础上的虚拟仿真系统，输入智能工厂的各种制造资源、工艺数据、CAD 数据等要求建立离散化数学模型，才能在智能工厂软件系统内进行各种数字仿真与分析。数字化模型的准确性关系到对实际系统真实反映的精度，对于后续的产品设计、工艺设计以及生产过程的模拟仿真具有较大的影响。

虚拟现实技术能够提供一种具有沉浸性、交互性和构想性的多维信息空间，方便实现人机交互，使用户能身临其境地感受开发的产品，具有很好地直观性，在智能工厂中具有广泛的应用前景。虚拟技术的实现水平，很大程度上影响着智能工厂系统的可操作性，同时也影响着用户对产品设计以及生产过程判断的正确性。

优化仿真技术，又称为数字孪生模型，或数字双胞胎，是充分利用物理模型、传感器更新、运行历史等数据，集成多学科、多物理量、多尺度、多概率的仿真过程，在虚拟空间中完成映射，从而仿真相对应的实体装备的全生命周期过程。数字孪生模型是一种超越现实的概念，可以被视为一个或多个彼此依赖的装备系统的数字映射系统。数字孪生模型将物理世界的参数重新反馈到数字世界，从而可以完成仿真验证和动态调整。数字孪生有时候也用来仿真一个工厂的厂房及生产线，在其没有建造起来之前，就完成相应的数字化模型，从而在虚拟的空间中对工厂进行仿真和模拟，并将真实参数传给实际的工厂建设，而在工房和生产线建成之后，在日常的运维中两者继续进行信息交互。因此，数字孪生模型更加强调模型在产品全生命周期使用过程中虚拟产品与物理产品之间的反馈、交互。

应用生产技术是指智能工厂通过建模仿真提供一整套较为完善的产品设计、工艺开发与生产流程，但是作为生产自动化的需要，智能工厂系统要求能够提供各种可以直接应用于实际生产的设备控制程序以及各种生产需要的工序、报表文件等。各种友好、优良的应用接口，能够加快数字化设计向实际生产应用的转化进程。

由于智能工厂技术在工业生产过程中的优越性，各知名企业竞相开发各种智能工厂软件，其中较为常见、应用最为广泛的智能工厂软件主要有 eM-Power 和 Demia 等。

eM-Power 是由美国的 Tecnomatix 技术公司开发的智能工厂软件，它在工业生产中应用十分广泛。该软件架构是建立在 Oracle 数据库之上的三层结构，它为企业用户提供零件制造解决方案、装配规划、工厂及生产线设计和优化、产品质量和人员绩效等主要功能。这些主要的功能模块建立在统一的数据库 eM_ Server 中，实现整个生产制造过程的信息共享。2007 年以来，西门子公司推出了功能更为强大的 Teamcenter 8 和 Tecnomatix 9，提供工厂设计及优化、制造工艺管理、装配规划与验证、开发、仿真和调试自动的制造过程和质量管理等功能，在各大企业具有广泛应用。

Delmia 是由法国的 Dassault 公司开发的智能工厂解决方案，该解决方案是构建在 Dassault 公司的 PLM 结构的顶层，由其专用数据库（PPR-Hub）统一管理。Delmia 的体系结构主要包括：面向制造过程设计的（DPE）、面向物流过程分析的（QUEST）、面向装配过程分析的（DPM）、面向人机分析的（Human）、面向虚拟现实仿真的（Envision）、面向机器人仿真的（Robotics）、面向虚拟数控加工方针的（VNC）、面向系统数据集成的（PPR Navigato）等。它主要由面向数字化工艺规划模块、数字化仿真平台工具集以及车间现场制造执行系统的集成模块等组成。

5 智能制造生产性服务

5.1 智能制造生产性服务

5.1.1 智能制造生产性服务的特点

以工业 4.0 为代表的智能制造的核心内容为：建设一个信息物理系统 (CPS)、研究两大主题（智能工厂、智能生产）、实现三大集成（横向集成、纵向集成与端对端集成）、推进三大转变（生产由集中向分散转变，产品由大规模趋同性生产向规模化定制生产转变，服务由客户导向向客户全能参与转变）。

每一次工业革命都离不开生产性服务业，或者说是生产性服务业引领了每一次的工业革命，正是技术研发等服务的突破触发了每一次工业革命。工业 4.0 同样是由生产性服务业的发展来实现的，那么终端客户如何渗透到制造的每个环节和流程从而完成个性化定制？总结智能制造生产性服务业特点如下：

首先，“工业 4.0” 主要是通过深度应用 ICT（信息通信技术），总体掌控从消费需求到生产制造的所有过程，由此实现高效生产管理。因此，移动互联网、传感器、平台、大数据等关键技术在 B 级市场将会出现井喷式需求，IT（信息技术）不仅会由消费市场重点转入产业需求，还将在 4.0 制造下过渡到 DT（数据技术）时代，从制造流程再造着手并拓展到为客户需求服务，实现真正意义上的“数据创造社会价值”，如 PDM（生产数据管理）、CPS（信息物理融合系统）、PLM（产品生命周期）、SCM（产业链管理）、CRM（客户关系管理）等系统。

其次，服务产品将向更加碎片化、专业化和跨界整合集成两极发展。企业需要将复杂的商业模式内置化，以简洁实用、清晰纯粹的产品呈现于用户，满足他们的需求。内置商业模式需要的服务产品将向更专业的方向发展，传统粗放型的服务产品不能适应智能制造的个性化需求，服务产品将在碎片化的需求面前变得碎片化。同时，集成需求又需要跨界的服务产品，由第四方跨界整合第三方服务资源的模式被广泛应用，跨行业不同服务内容的产品，将被串珍珠项链式的重新定义成能满足智能制造的新产品。如全网营销需要整合社群关系，而 SEO 优化、推广 IT 技术、数据分析、交互技术等服务资源需要第四方重新整合而形成新的服务产品。

再次，服务供应的响应速度快速提高，服务产品信息收集的范围更加广泛。传统生产性服务业企业在提供服务从内容制定、价格商议、合同流程、运行验收等环节，需要一个漫长的时间过程，加上众多的服务企业和服务产品，如何选择比价，成为阻挠企业迅速获取优质服务的重重障碍。而智能制造是以客户端需求为出发点，必然会改变原有的服务提供模式，将服务内容由原来的订单后服务改成前置的碎片化服务，形成标准化服务产品和经重新集成的产品，快速、精确地满足客户的碎片化需求，以完成快速交易的目的。同时，海量的服务产品如何来与海量的需求匹配，同样需要专业服务业电商化 B2B 平台予以满足，所以，在今后的智能制造化时代，做轻、做活、做标准、做专业是关键，具备模块化的能满足快速选购、匹配、应用的服务产品将是一个重要方向。订单后服务的模式将被逐步淘汰。

最后，O2O 模式在生产性服务业中被广泛认同和接受。企业服务的电商化也就是 B2B 模式比消费类电商难度本来就大得多，除了服务内容，产品难以标准化外，企业主的电商消费习惯没有形成是一个重要的关键，特别是当前制造业企业的老板普遍年龄较大，难以改变传统观念。在这种情况下，制造业进入 4.0 智能制造时代，由客户端渗透到制造环节和制造流程，B2B 模式变成了 B2B2C 模式，制造业形成了一个难以逾越但必须突破的屏障，否则，企业必将被淘汰。在这种背景下，企业服务 O2O 模式将是一个很好的选择，将企业服务落地到最后一米，面对面，一站式提供解决方案，将制造与生产性服务业做深度融合，真正将服务业服务于制造业，完成服务产品化，制造业服务化的目标。

5.1.2 智能制造生产性服务的发展趋势

从近些年发展看，生产性服务增长很快，主要得益于工业化、市场化、信息化、全球化、城市化推进。工业化深化了产业分工，许多生产企业将服务环节进行外包；市场化激发了市场活力。资源与要素组合更富效率；信息化使得企业应用数字技术，加速了其连接生产、流通与生活的能力，其纽带性作用更加明显；全球化使得跨国服务企业纷纷进入中国，对本土服务业的发展产生很强的外溢效应；城市化扩大了生产性服务规模，加速城乡服务业一体化。

国内许多城市重视生产性服务发展，生产性服务的比重占地区 GDP 的比重较高。如上海重视科技服务业、商务服务业、金融、国际航运、物流等，正在着力打造全球科创中心、国际金融中心、国际航运中心。深圳重视信息服务产业、创意产业、物流产业、金融产业等。国内一些内陆城市为了增强开放能力，大力发展商贸流通、物流、信息服务，以增强自身连接世界与开放开发的能力。国内许多城市与地区形成了一些服务业集聚区、服务产业集群。

但我国生产性服务总体仍滞后于经济社会发展要求，与农业、工业、贸易等联动不足。从成熟度来看，生产性服务还处于成长期，有很大的发展空间。如就交通运输与物流而言，尽管我国交通运输、物流市场规模世界第一，但多数市场主体小散弱，市场秩序也不太规范，公路货运过度竞争，铁路运输竞争不足等，国际快递、农产品物流、医药物流、航空物流、逆向物流等相当薄弱。

展望未来，我国生产性服务具有广阔的空间。因为中国经济将继续保持较高速增长，产业结构、消费结构持续优化与升级，国际贸易继续扩大。特别是，生产性服务将呈现如下一些趋势。

1. 生产性服务和制造业的关系日趋紧密

制造业的国际营销网络的形成，就是聚集营销人才、进行研发产品、产品运输与储存、广告、保险、会计和法律服务等开发市场的过程，在这一过程的每一环节都伴生服务需求。换句话说，工业生产性服务和制造业的关系正在变得越来越密切，这主要表现是制造业的中间投入中服务的投入大量增加。在近 10 年间，多数 OECD 国家产品生产中的投入发生了变化：服务投入增长速度快于实物投入增长速度，同时，工业生产性服务和某些经济活动特别是制造业的界线越来越模糊，经济活动由以制造为中心已经转向以服务为中心，最为明显的是通讯产品。同时，某些信息产品也可以像制造业一样进行批量生产。

另一方面，制造业部门的功能也日趋服务化，主要表现为：一是该制造业部门的产品是为了提供某种服务而生产的，例如通讯和家电产品；二是随产品一同售出的有知识和技术服务；三是服务引导制造业部门的技术变革和产品创新。近几年来，许多原有的制造型企业通过大规模的进入或兼并工业生产性服务业来整合原有的业务，如 GE 通过进入金融业为其客户提供贷款，来刺激其产品的销售；HP 公司通过兼并服务性企业，从而能够为客户提供从硬件到软件，从销售到咨询的全套服务；IBM 公司在 20 世纪 90 年代成功由制造型企业转型为服务型企业等均有力说明了工业生产性服务与传统制造业的关系。

2. 生产性服务的服务方式呈现虚拟化、网络化、外包化的趋势

云大物移等新一代信息技术的发展使工业生产性服务的虚拟化、网络化成为可能，这种服务方式也日益凸显其优越性，促进企业智能化水平明显提高。在一个虚拟化的框架之中，高效地“整合”或“疏散”传统上认为的“内力”和“外力”资源，并让这些相关联的结构性要素发挥市场价值，充分体现企业的现有优势。

另外，企业要充分发挥核心竞争力，就必须把自己所不擅长的那部分业务外包出去从而更加聚焦于自己的核心业务，而相关的专业外包公司也能提供更加专业、优良的服务，降低企业的成本，这是一个双赢的局面。如美国著名的 Nike 公司，自己只生产其中最为关键的耐克鞋的气垫系统，而其余全部业务几乎都是由外部公司制造提供。凭借其独特的设计能力，耐克公司将主要精力集中于新产品的研发和市场营销上，在全球范围制造和销售 Nike 牌运动鞋，其产值以 20%的年递增率增长，在过去的 7~8 年间，耐克公司为股东赚取了超过 30%的利润。

3. 生产性服务业逐渐形成完整的产业链

近几十年来，工业生产性服务在发达国家得到充分的发展，逐渐形成了一个完整的产业链，这条产业链能够为企业提供从产品立项到产品营销与服务的全方位支持。无论是诸如 IBM、HP 等大公司的成功转型，还是小型企业的异军突起，都必须在这条产业链中找到适合自身发展的位置。工业生产性服务作为货物生产或其他服务的投入而发挥着中间功能，它们提高了生产过程不同阶段产出价值和运行效率，被定义在包括上游（如可行性研究、风险资本、产品概念设计、市场研究等）、中游（如质量控制、会计、人事管理、法律、保险等）和下游的活动（如广告、物流、销售、人员培训等）。

工业生产性服务业贯穿于生产、流通、分配、消费等社会再生产环节之中。一个生产企业在世界市场上保持竞争地位的关键是保持“上游”、“中游”和“下游”三个阶段的服务优势，因为贯穿于生产三个阶段的服务在产品价值链中开始胜过物质生产阶段。生产性服务，无论是“内化”服务（即企业

内部提供的服务)，还是“独立”服务（从企业外部购买的服务)，都已经形成了生产者所生产的产品差异和增值的主要源泉。这条完整的产业链已经成为发达国家市场经济非常必要的发展软环境，工业生产性服务业成为市场资源强大的调配器。

5.2 智能制造下的工业软件开发服务

5.2.1 工业软件的定义与分类

工业软件（Industrial Software）是指在工业领域里应用的软件，包括系统、应用、中间件、嵌入式等。一般来讲工业软件被划分为编程语言、系统软件、应用软件和介于这两者之间的中间件。其中系统软件为计算机使用提供最基本的功能，但是并不针对某一特定应用领域。而应用软件则恰好相反，不同的应用软件根据用户和所服务的领域提供不同的功能。

一、工业软件的分类

工业软件大体上分为两个类型：嵌入式软件和非嵌入式软件。嵌入式软件是嵌入在控制器、通信、传感装置之中的采集、控制、通信等软件，非嵌入式软件是装在通用计算机或者工业控制计算机之中的设计、编程、工艺、监控、管理等软件。

尤其是嵌入式软件，应用在军工电子和工业控制等领域之中，对可靠性、安全性、实时性要求特别高，必须经过严格检查和测评。还要特别强调的是与设计相关的软件，如 CAD、CAE 等。

工业软件在产品设计、成套装备设计、厂房设计、工业系统设计中起着非常重要的作用。可以大大提高设计效率，节约成本，实现可视化管理。

工业互联网 APP，简称工业 APP，是基于工业互联网，承载工业知识和经验，满足特定需求的工业应用软件，是工业技术软件化的重要成果。工业 APP 是面向工业产品全生命周期相关业务（设计、生产、实验、使用、保障、交易、服务等）的场景需求，把工业产品及相关技术过程中的知识、最佳实践及技术诀窍封装成应用软件。其本质是企业知识和技术诀窍的模型化、模块化、标准化和软件化，能够有效促进知识的显性化、公有化、组织化、系统化，极大地便利了知识的应用和复用。

相对于传统工业软件，工业 APP 具有轻量化、定制化、专用化、灵活和复用的特点。用户复用工业 APP 而被快速赋能，机器复用工业 APP 而快速优化，工业企业复用工业 APP 实现对制造资源的优化配置，从而创造和保持竞争优势。

二、工业软件的特点

工业软件除具有软件的性质外，还具有鲜明的行业特色，随着自动化产业的不断发展，通过不断积累行业知识，将行业应用知识作为发展自动化产业的关键要素，逐渐成为企业调整经济结构，转变经济增长方式的主要因素。

1. 工业软件离不开工艺的支持

不同行业的工业控制软件，其服务对象均不相同，钢铁行业针对的是冶金工业，其控制软件很难适用机械行业，反之亦然。一套好的工业控制软件，不仅能够满足当前工艺的需要，而且在控制思想上，还有一定的超前意识，在一定时间内不会落后。

2. 工业软件要有行业数据知识库做支撑

行业数据知识库，是指对行业控制软件起支撑作用的行业生产过程中经验积累的集合。特别需要指出的是行业生产过程中关键知识、软件、诀窍及数据等知识的汇集，也是我国自动化控制系统装上“中国脑”的基础。其主要内容包括：生产过程中采集到各种数据后，经验计算公式、技术诀窍、各种事故处理经验及各种操作经验，操作手册、技术规范、工艺模型、算法参数、系数及权重比例分配等。既包括以文档形式存在的技术规范，操作规范，国家标准等，也包括经验公式、模型算法等软件核心内容及解决工具。

三、工业 APP

中国工业技术软件化产业联盟编写的《工业互联网 APP 发展白皮书》中定义工业 APP 为：工业 APP，全称工业互联网 APP，是基于工业互联网，承载工业知识和经验，满足特定需求的工业应用软件，是工业技术软件化的重要成果。

工业 APP 是面向工业产品全生命周期相关业务（设计、生产、实验、使用、保障、交易、服务等）的场景需求，把工业产品及相关技术过程中的知识、最佳实践及技术诀窍封装成应用软件。其本质是企业知识和技术诀窍的模型化、模块化、标准化和软件化，能够有效促进知识的显性化、公有化、组织化、系统化，极大地便利了知识的应用和复用。

相对于传统工业软件，工业 APP 具有轻量化、定制化、专用化、灵活和复用的特点。用户复用工业 APP 而被快速赋能，机器复用工业 APP 而快速优化，工业企业复用工业 APP 实现对制造资源的优化配置，从而创造和保持竞争优势。

工业互联网平台定位于工业操作系统，是工业 APP 的重要载体，工业 APP 则支撑了工业互联网平台智能化应用。工业互联网平台通过构建应用开发环境，借助微服务组件和工业应用开发工具，帮助用户快速构建定制化的工业 APP。工业 APP 在工业互联网平台上运行，产生了大数据，随后对大数据进行机器学习和深度学习，最后数据经过提炼、抽取、处理、归纳后形成了工业数字化知识，工业数字化知识最终进一步完善工业 APP。

工业 APP 是实现工业互联网平台价值的最终出口。面向特定工业应用场景，激发全社会资源形成生态，推动工业技术、经验、知识和最佳实践的模型化、软件化和封装，形成海量工业 APP；用户通过对工业 APP 的调用实现对特定资源的优化配置。工业 APP 基于工业互联网平台，进行共建、共享和网络化运营，支撑制造业智能研发、智能生产和智能服务。

目前针对不同行业的工业控制软件产品的开发与生产正在兴起，各个行业的数据知识库正在成为工业控制软件的核心性，基础性要素的发展与壮大，这样也是我们的优势所在，建设好行业数据知识库，将使行业知识变成行业工业控制软件发展的动力，并推动我国工业控制软件的技术水平更好地完成由低端向着高端的转换。

5.2.2 工业 APP 及其应用

2017 年 11 月国务院印发的《关于深化“互联网+先进制造业”发展工业互联网的指导意见》对工业 APP 发展目标提出了明确要求：到 2025 年，培育百万工业 APP。

伴随新工业革命逐渐加速的脚步，工业技术软件化从悄然发生变成了业界共识，工业互联网为工业 APP 的发展带来了强大的活力和增长机遇，基于全新架构和理念开发出来的工业 APP，为工业软件的研制、应用与发展提供了更好的技术路径与应用实践。工业 APP 数量、效果、用户下载量目前已经成为工业互联网平台是否成功的关键指标要素。

一、建设工业 APP 的价值

企业可以按照工业 APP 构建自有技术体系。工业技术必须相互支撑、形成体系才能发挥强大作用。工业 APP 通过将行业工业技术结构化、数字化和模型化，可以建立各种工业技术之间的有序关联，形成覆盖工业产品研发、生产和运维全过程的完整知识图谱。借助工业 APP 的可存储、可计算和可升级，不断地促进着企业知识的更新换代。通过以工业 APP 为载体的知识与以工业 APP 驱动的智能硬件相结合，可以打造形成智能化的制造体系。

将制造领域的知识形成工业 APP，有助于推动中国迈入制造强国行列。工业 APP 成为了支撑制造业数字化、网络化、智能化转型升级的一种新型工业软件，有助于实现数据的自由流动与知识工作的自动化，从根本上改善制造业的设计、生产、运维管理和质量保障模式，重建我国自主工业技术和知识体系，为智能制造发展奠定基础。

工业 APP 是以“工业互联网平台+APP”为核心的工业互联网生态体系的重要组成，是工业互联网应用体系的主要内容和工业互联网价值实现的最终出口。

在我国，相当多的工业从业人员从事着重复、低端、枯燥乃至危险的研发、操作、检测和检修等工作。智能制造的实施将让这部分从业人员的工作形式和工业内容发生根本性转变，逐渐离开生产一线，从而享有更好的工作岗位与劳动环境。将已有的工业技术转换为工业 APP，人的工作将从复杂地直接控制机器和生产资源转为轻松地通过工业 APP 控制机器，甚至是由工业 APP 自治控制机器。人的劳动形式将由体力劳动工作逐步转变为更有意义的知识创造工作，从而大大提高个体劳动价值。

二、培育工业 APP 的途径

培育工业 APP 是通过工业技术软件化手段，借助互联网汇聚应用开发者、软件开发商、服务集成商和平台运营商等各方资源，提升用户黏性，打造资源富集、多方参与、合作共赢、协同演进的工业互联网应用生态，是推动工业互联网持续健康发展的重要路径。

（1）技术支撑，夯实工业 APP 发展基础

一是建设工业 APP 标准体系。加快研制工业 APP 接口、协议、数据、质量、安全等重点标准，推动行业建立共识，引导和规范工业 APP 培育。二是建设通用的工业 APP 开发环境。整合主流工业系统和平台的各种 API，开发

适用于多种框架、语言、运行环境的开发环境插件，从而保证开发人员快速、便捷的实现功能。三是推动开发工具的开发和共享。提供强化的实现功能，包括对运行环境进行仿真的开发沙盘、资源管理工具等。四是加快建设工业知识库。推动制造业工业知识关键技术研发，鼓励大型企业围绕产品设计、制造、服务等各生产周期，以及工业数据采集、传输、处理、分析等各数据周期提炼专业工业知识，进行软件化、模块化，并封装成可重复使用的标准模块。五是建立工业 APP 测评认证体系。围绕协议异构、数据互通、应用移植、功能安全、可靠性等测试需求，建设工业 APP 测试平台，提供在线测试认证等服务。

（2）生态引领，优化工业 APP 发展环境

一是发挥联盟纽带作用，有效整合政产学研用金各方资源，建立政府、企业、联盟协同工作体系和工业 APP 发展咨询评估服务体系，开展各项产业化工作，推动我国工业 APP 产业发展。二是建立工业 APP 交易配套制度、信用评价体系、知识产权保护制度及知识成果认定机制，保障 APP 交易生态的顺利运行，支持“众包”“众创”等创新创业模式参与工业 APP 研发，形成工业 APP 开发、流通、应用的新型网络生态系统。三是构建开源的开发者社区，形成创新生态。打造完整的开发环境及社区，通过向开发者提供丰富的 API、开发模板、开发工具、微服务等多种方式，吸引并鼓励开发者进行应用开发及技术经验交流共享。四是拓宽校企、院企等人才培养合作渠道，建立复合型人才培养基地，建设国家级高水平工业 APP 规划、开发、评测的专家团队，提升产业人才供给能力。五是广泛吸引社会资本成立产业投资基金，探索引导和组织国内产业链上下游企业以资本为纽带，集中力量共同开发和推广工业 APP，构建产业生态体系。六是举办工业 APP 开发者大赛，甄选并落地一批工业 APP 优秀解决方案，挖掘并培育一批富有活力的工业 APP 设计开发人才队伍，筛选并扶持一批具备潜力的工业 APP 创新型企业，营造有利于工业 APP 培育的环境，推动工业互联网平台应用生态建设。

三、工业 APP 的典型应用

工业 APP 是面向工业场景的应用软件。工业 APP 都具有面向不同工业场景的特征。用户可以根据产品制造需求的不同，围绕工业场景分析、建模、开发和使用工业 APP。工业 APP 以解决问题为导向，承载单点应用落地。工业 APP 目前已在多个场景应用，其中在研发环节融合创新能力较强，典型应用场景如下：

1. 研发设计阶段

索为系统为航空发动机用户将设计的流程、方法、数据、工具软件及各种

应用系统进行有效管理和集成，开发航空发动机总体、流道、结构、控制系统、机械系统、外部与短舱系统专业工具包，使研发过程规范受控、工作效率提升、大量的数据可视化和满足管理部门审定要求。

2. 生产制造阶段

西门子结合深度学习算法，为格林机床提供刀具寿命预测 APP。根据历史数据预测刀具磨损状态，并对刀具提前更换做出提醒，优化制造过程备件采购和库存策略。

3. 质量检测阶段

某钢厂与英特尔合作开发钢材质量检验的 APP，即通过对生产线可视化，用机器学习的方法识别其中的划痕、酸洗来替代人工检测，提高了检测成功率，并降低了人工成本。

4. 预测服务阶段

美国初创企业 Uptake 利用工业 APP 进行推荐预测服务，如流程优化、故障预警、任务管理等，这类工业 APP 主要是基于历史数据对企业工作流程进行优化，预测各类设备的使用寿命，并可以根据结果反馈不断提升预测和推荐的准确度。

5. 售后服务阶段

北京天泽智云与某高铁研制单位共同研发高铁故障预测与健康管理车载样机，将基础特征和选定的原始数据传输到数据中心进行知识挖掘、模型开发和决策支持，通过工业 APP 为高速轨道交通系统的不同部门提供服务来优化协同、提高效率，准确率高达 90%。

四、工业 APP 的形态

工业 APP 的形态由应用功能决定。

一是面向生产现场的交互型工业 APP 通常采用原生应用实现方式。这类 APP 主要提供工业数据收集、制造全流程管理、远程操作等服务，由于与原生控制系统交互性强，其主要实现方式是通过原生工业操作系统或平台所提供的特定应用程序编程接口（API）、专用开发工具 SDK，以及开发环境（例如，IntelliJ 和 Eclipse）插件来实现。

二是面向客户的服务类工业 APP 通常使用基于 Web 的实现方式。这类工业 APP 主要提供资产建模、工业数据分析、企业管理等服务，由于与原生工业系统交互性较少，这类 APP 一般使用 HTML、Jscript、Ajax 等 Web 开发技术来实现等。

三是定制型的工业 App 由特定的技术实现。这类工业 App 对运行环境、应用资源等有特定需求，通常需要开发平台和系统提供强化技术实现，包括特定运行环境的仿真、应用资源跟踪等在内。例如，Mindsphere 为定制型应用和服务通过 Developer Cockpit 提供资源管理和应用情况跟踪的能力。

5.3 智能制造下的系统运维服务

智能制造系统以信息系统为基础，人工智能为核心，相对互联网等传统的信息系统有其行业的特点。ITIL（Information Technology Infrastructure Library，信息技术基础架构库），是一个普遍实行的事实上的国际 IT 服务管理的标准和规范。本节将基于 ITIL 的框架探讨智能制造系统下的 ITIL 与精益方法等相关运维体系的改进，以及最新的 DEVOPS 方法与传统 ITIL 运维体系的结合模式。

5.3.1 智能制造运维范围及对传统运维的挑战

一、智能制造环境下的运维要点

智能制造环境下的运维要点如下。

（1）集成的大运维平台

智能制造的大运维自动化管理平台，不仅包括对 IT 基础设施、虚拟资源和各种业务系统的监控，同时实时抓取业务、机房管理、虚拟环境、设备管理等数据，通过大数据分析预测管理及安全运维管理子系统，并能够将运维管理数据迁移到手机或是平板电脑上，可以随时随地掌握设备及系统的运行情况，对于突发性事件和紧急性事件有极其高效和出色的支持，从而实现移动运维管理

（2）工业大数据

智能制造的 IT 运维要以数据为核心，首先要满足大数据的变化，这样才能为数据运维提供强大的基础支撑。建立运维管理大数据：将海量的运维数据进行分析整理，通过分析数据能够有效获取用户或者系统的行为模式，从而分析其潜在的需求与风险。当出现问题时不仅能帮助管理人员找到原因和解决问题，同时，在现代化的运维当中，还可以通过分析数据做到预测或预防问题，防患于未然。

（3）自动化一切

自动化解决问题的能力，主要体现在几个方面：首先，需要能够自动化发现我们的 IT 基础架构和设施；其次，需要有自动修复的能力，比如当遇到系统当机或其他问题，不需要人工干涉，系统通过自动重启或其他方式就修复了。同时，现代化的综合运维一定要和业务挂钩关联，当出现问题的时候，能够自动按照业务的重要性，将问题划分成不同的级别，而后有条理清晰的去解决，即将运维充分融入业务当中。

（4）业务可持续性

利用虚拟资源建立一个随时能“满血复活”的信息化系统，保障某个系统出错后能快速恢复或切换，或者将平台与资源灵活进行配置。

智能制造环境下的 IT 运维需要强调建立一体化的运维管理思想，让零散的运维工作更有联动性，同时采用更开放的思维模式，将大数据与自动化的应用引入到信息化运维管理工作中，从而适应互联网时代与智能制造时代灵活的业务需求。

二、智能制造环境下的运维要点智能制造的运维范围

基于智能制造系统的特点与运维要点，归纳智能制造系统运维工作的范围包括如下七大方面，组成了本书的主要内容：

（1）对传统运维管理体系的改进

基于智能制造的特点，对现有的 ITIL 运维管理体系进行改进和重新解读与改进，包括 ITIL 的服务提供和服务支持等直接与系统运维有关的流程模块。以及基于 DEVOPS 的运维理念对 ITIL 传统运维管理的改进等。

（2）对基础设施的运维

根据智能制造系统的基础设施构成，其运维的范围包括对工业网络、自动化设备，以及 IT 基础设施和虚拟化资源等。同时，对基础设施的运维要与目前的安灯系统结合起来可以获得更好的效果。

（3）对工业信息系统的运维

按照智能制造系统三个方向的集成与构成，其运维的对象包括工业云平台、工业大数据、PLM 产品全生命周期管理系统、ERP 企业资源决策管理系统和 MES 生产制造执行系统等。

（4）运维能力成熟度模型的建立

建立运维能力成熟度模型可以有效指导智能制造运维系统和活动的实施。模型按照智能制造系统本身实施的相应级别的要求，分为基本级、拓展级、量化级和优化级四个等级，每个等级包括人员、过程、技术和资源四个能力域，每个能力域详细列出了想要达到相应的成熟度等级所要达到的能力要求和关键

指标。

（5）自动化云运维平台的设计

基于智能制造系统的业务要求和运维特点，一个本身健壮、高效、高能力的运维系统是不可或缺的，要明确运维平台的范围、设计原则，建立一个基于最新 IT 技术的、自动化云运维平台架构，实现基于不同技术的各种运维场景的应用。

（6）系统安全运维工作的实施

根据信息安全的国际标准 ISO27001 及工控安全要求 IEC62443 以及智能制造系统本身的特点，提出了对工控系统全生命周期的安全策略和运维方案，对 SCADA 系统的安全运维方案、工业云与大数据的安全运维方案、业务连续性的安全运维提出了设计方案，并对安全运维平台进行了架构设计。

（7）运维工程师的培养

新的技术与环境最终需要人来操作与管理，本部分包括运维人才的能力模型的需求分析、模型的建模，以及基于能力模型的人才培养模式，以及课程开发、实训与实习方案的设计等。

三、智能制造运维对传统运维的挑战

智能制造是在新一轮科技革命和产业变革背景下针对制造业提出的重要战略举措，需要一个强大的 IT 支撑系统或者 IT 基础设施，否则一旦失控，灾难便来临，将产生严重的安全与成本的后果。

在传统行业的 IT 运维组织中，彼此事务之间的割裂非常明显，比如说设备、网络、机房、监控和质量改进等都是在不同的团队完成，彼此工作独立进行。而对于智能制造，要求在敏捷和精益运维驱动下，必须有一个集成平台来把这些事务流调试起来，否则无法提高事务执行的效率和质量，真正的把运维功能变成交付服务的模式。同时，智能制造系统中 IT 资源的增多使 IT 运维者的工作越来越复杂，为运维者增加工作难度和强度，也会带来大量的能源消耗和人力维护成本。另外，在智能制造中，如果一些风险和故障更是事后救火而无法提前预测，一旦出现问题，会带给企业无法想象的损失。因此，传统的 IT 运维已无法满足智能制造业务特点的需求。

智能制造环境下需要建立一个自动化大运维平台，使得运维行为进入智能制造纵向集成和横向集成的全生命周期活动，协调技术、物流、业务、设备、运维和质保等各部门的团队协作；设计统一的配置管理数据库；利用射频识别、云计算、大数据和可视化等技术，实现对智能制造运维数据的采集、传输、存储、分析和可视化处理，实现对机器、设备和系统的连续在线监控，实现对跨系统、跨组织和跨地域系统的运维活动自动化、位置化、数据化和可视化，确保质量、效率和成本之间的平衡。

具体地，智能制造新的技术环境与业务要求给基于 ITIL 的传统故障管理的挑战如下。

(1) 故障来源和分类要考虑虚拟资源

智能制造中故障的来源和分类除了原来的物理资源和应用系统，还新引入了虚拟化资源，如虚拟集群、虚拟机、虚拟网络、虚拟交换机、虚拟数据存储等，这将关系到故障的分类、监控、上报和解决的方式。

(2) 故障的监控要考虑虚拟资源指标

智能制造中，除了原来的物理资源和应用的监控指标，还要增加虚拟资源的各种关键指标，如虚拟 CPU 使用率、虚拟内存使用率、虚拟磁盘 I/O 速率和虚拟网络丢包率等，及时发现异常并采取主动预防措施。

(3) 虚拟资源的故障解决方式不同

虚拟资源支持自助式资源申请、扩容、回收和自动流转，当故障发生时能实现快速的部署，并可根据需要在应用繁忙时动态增加计算资源、空闲时释放计算资源，还能进行资源池内的计算资源动态迁移。与传统环境下需要保留主机运行环境、保存安装软件不同，虚拟机镜像文件随时加载意味着新的虚拟设备可以在需要时快速进入生产状态。

(4) 射频技术下的设备管理不同

RFID（Radio Frequency Identification，无线射频识别）等技术使得一些硬件设备的故障在任何地方都可以被及时地上报到系统并得到高效地处理。而人工智能技术可以大大提高硬件设备类故障的处理效率，如配合 RFID 的故障上报，可以通过智能车甚至无人机等把替换资源精确配送到故障现场，并由机器人进行自动安装部署；

(5) 人工智能使得运维可预测

大数据技术使得故障处理不再是救火式的，而可以是预测性的，以便在故障真正发生之前就采取相应的预防处理措施，这可以说是一种全新的运维方式。

(6) 虚拟/增强现实技术改变运维方式

虚拟现实技术可以把故障显示在系统的虚拟拓扑图上，运维人员可以通过图形界面等形式在自动化脚本程序等支持下轻松处理并关闭故障。

除了技术因素，智能制造要求对故障的处理速度要快，以确保业务的持续性和可用性；对新资源上线前要进行安全与合规等的处理，以确保智能制造工厂的生产安全和安全保卫。可见，传统 ITIL 故障管理流程还不能满足上述智能制造系统新的环境要求。

5.3.2 智能制造虚拟化资源运维管理

本书所指智能制造系统的运维对象主要是针对IT资源而言的，如各种系统软件、控制软件和应用软件，以及电脑、网络设备和虚拟资源和设备等，一般不包括机械设备和电器设备等资源，虽然这些运维的理念和方法多数也适合这些非IT类资源的运维实践。在本章关于智能制造的IT基础设施的运维中，主要包括工业网络、PLC等自动化系统、虚拟资源和数据中心等，但是，比如对于机器人、数控机床和数据中心机房的运维，只涉及其IT系统及有关通信与网络设备的运维，其本身包括的机械和电器设备和元件等都不在本文讨论的范围内。

云计算技术是智能制造的关键技术之一，而云计算提供服务的基础是虚拟化资源的整合。随着虚拟化技术在智能制造企业的实施推进，虚拟化技术优势显现的同时，各种棘手的问题也逐渐凸显，相应的IT系统运维的日常工作方法、技术手段、管理手段和考核指标也急需不断的更新，才能更为准确和全面的实现运维管理。本节就是着眼于解决虚拟化环境下的运维难题，探索并实现科学、有效的IT运维管理体系。借助管理软件，引入高效的IT运维管理新模式，充分利用虚拟化的技术优势，提高IT运维的效率和质量。

一、虚拟化对运维的挑战

虚拟化是指计算组建在虚拟的架构或基础（而非物理设备）上运行，是一套简化管理、最优化资源的解决方案。类似此思路，把固定的有限物理资源根据不同的实际需求进行整合和重新规划，以达到利用率最大化的技术，称之为虚拟化技术。虚拟化技术可以扩大硬件的容量，简化软件的重新配置过程。常见的虚拟化技术包括服务器虚拟化、存储虚拟化、应用虚拟化、平台虚拟化、桌面虚拟化等五个方面的应用。虚拟化后存在的新的问题如下。

（1）为了便于统一管理和资源共享，虚拟化会将分散的资源纳入资源池，但过于集中后的管理，必将带来风险的集中。当应用部署在物理服务器时，各个应用之间自然被隔离，而当虚拟化将大量应用部署在一个物理服务器上时，如果此物理服务器突发故障，则其上提供服务的应用必遭影响，此时，如何确保服务的连续性？

（2）虚拟化的重点难点在于从现有环境迁移至虚拟化环境。虚拟化在单个新设备的实施时，过程与方案都比较简单，但从已经运行的物理设备或存储迁移到新的虚拟设备中，则过程相对复杂。

(3) 当虚拟架构打破传统后，安全管理应何去何从？传统的安全域划分、安全加固、补丁更新、基线检查、脆弱性评估等如何在虚拟环境中实施？虚拟化环境下的数据保护应如何实现？后台用户管理与权限审核、后台操作应如何审计？一系列的新问题明确了安全管理员应换一种思路，并关注虚拟化的安全工作。

(4) 在企业实施虚拟化后，物理设备将大量减少，但这并不意味着运维管理内容的减少，反之则更多。由于实施虚拟化后，资源利用和调度、调配带来了更为合理的服务性能，剩余资源则更多的被利用起来，也就是虚拟机的递增。存在了依存关系的大量虚拟机管理，是一个大问题。

虚拟化环境下 IT 运维新体系的虚拟化技术给 IT 运维带来的变化和实施复杂性，通过以上描述，现行 IT 系统的运行模式，和与之相对应发展多年的 IT 运维模式，在面对虚拟化时已经不能满足要求，不管是配置管理、硬件管理、软硬件配比、性能监控等等，需要着手对现有的 IT 运维管理体系进行调整，以便适应运维对象虚拟化。

二、运维人员与组织架构

虚拟化项目实施后运维人员除了具备传统 IT 运维管理技术之外，还需要灵活掌握、运用主流虚拟化技术和产品，定期总结运维经验。主要具备以下几方面的知识和技能。

(1) 虚拟化基础知识。

(2) 虚拟化应用。

(3) 虚拟化安全。

(4) 虚拟化资源管理技巧。

(5) 虚拟化整合解决方案。

(6) 虚拟化与云计算。

(7) 运维工具的使用和定制化。

(8) 虚拟化产品使用、管理。

(9) 虚拟化的备份与容灾。

虚拟化将成为企业 IT 系统的基础，甚至承载核心架构的运行。但虚拟化却增加了 IT 运维的复杂性，如果没有 IT 运维管理工具和运维策略支撑，后虚拟化时代带来的新问题将会使得 IT 部门麻烦重重。

随着虚拟化技术的发展和在企业中广泛应用，则必然对现有的人员组织架构有所影响，资源管理由原有的分散管理而转变为更统一、更集中化管理，因此需要在原有的组织架构中增加“资源规划人员”角色，其角色要具备对服务器、虚拟化技术、网络技术、安全等多种方面进行综合分析，来合理进行资源分配，同时对于服务器层面的管理员会减少。但不会因为虚拟化技术的使用，影响总体的 IT 运维的组织架构。同时由于虚拟化的使用，虚拟机资源的增多，应用分布式部署，都需要维护人员在配置和监控方面进行统一管理和规划。

虚拟化实施后，增加了虚拟化产品等新内容的维护，因此需要的维护人员数量更多、要求的技术层次更高。同时为了维护便利，需要开发相应的工具平台，因此需要配置相应数量的开发人员进行技术研发，支撑运维业务的开展。虚拟化运维新增岗位有虚拟化运维门户管理员、产品管理员、资源管理员和设备管理员。新的架构如图 5-1 所示。

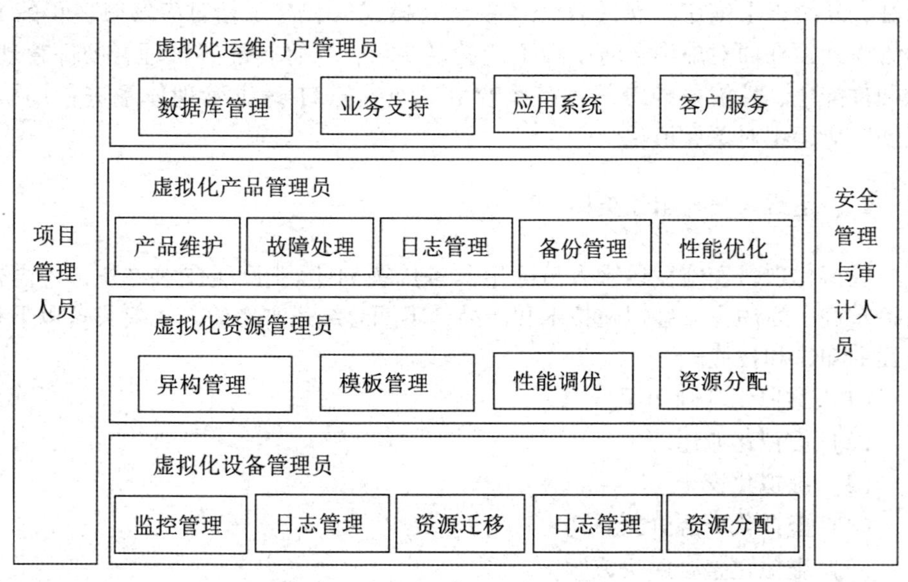

图 5-1 虚拟化运维组织架构图

三、虚拟资源的 IT 运维体系框架

虚拟化环境下的软硬件资源管理，特别涉及到资源池化后的资源如何管理。整个虚拟化项目会涉及使用不同厂商的产品，异构的资源管理是个必然趋势。

（1）统一扩展，统一管理。

（2）自动负载均衡，按照策略满足服务质量要求。

（3）自动优化系统配置，保证业务的可靠性。

资源池运维管理平台是运维系统管理的核心，负责对各种 IT 资源进行部署、操作、回收、监控、统计分析，对资源池系统内部的各类物理设备进行运维管理。资源池运维管理平台同时负责与资源池外部实体的交互，以及资源池系统内部各资源系统之间的控制与交互。资源池还负责用户的资源监控与虚拟机访问实现，需要为资源池管理员提供操作界面。资源池管理平台功能架构，包含六大类功能：接口功能、用户访问私有云服务、管理员访问、系统管理、资源管理、设备管理。

基于虚拟化的 IT 运维体系框架，较之原有的框架，主要体现在安全管理中心作为体系框架的核心，针对资源池化的特点，提供合理的控制与调度，实现资源的统一管理、安全运行，实现对虚拟资源的统一自动化管理。见图 5-2。

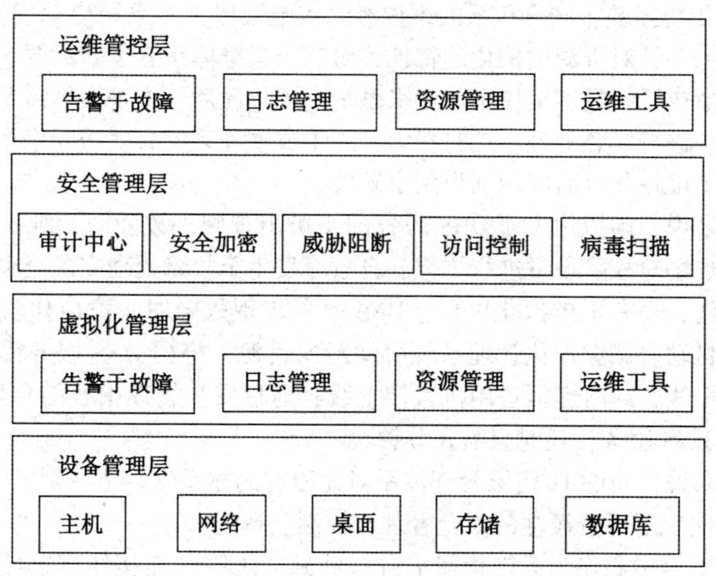

图 5-2 虚拟资源运维平台架构

新的架构从下到上分为设备管理层、虚拟化管理层、安全管理中心和运维管控平台四层架构，主要解决系统的软硬件设备匹配、虚拟资源的控制和调度、以及资源间的安全控制。虚拟化环境下的 IT 运维框架以资源管理为中心，并兼有原资产管理的功能，资产管理主要体现在硬件设备的管理和资产生命周期的管理，而资源管理主要针对虚拟化的资源池特性，实现对虚拟资源的科学管理。

安全管理中心居中，实现对资源池的全面安全管理控制，并实现对虚拟资源和资源池的调度管理。

运维工具平台作为虚拟化资源的管理实现，置于安全管理中心之上，首先保障了虚拟资源与工具平台间的交互的安全性，又将所有资源管理工具进行整合，形成了新的、可以实现对全虚拟化的运维保障体系，是应对虚拟化后复杂运维情况的坚实基础，为资源管理的高效、便利、全面运维提供了工具支撑。

管理资源的方法有很多，现在主流的有：定制专用工具、产品定制开发和传统经验实现等三种。

（1）定制专用工具：根据现行虚拟化环境和实际工作内容，总结其变化规律，定制专门工具对虚拟化进行管理，这是现在的首选方法。

（2）产品定制开发：结合虚拟化的实际现状和产品功能，进行符合实际的定制开发，主要解决方法往往依靠脚本。

（3）传统经验：结合积累的维护经验实施管理。IT 系统启动虚拟化以后，运维人员主要针对资源虚拟化的特性，对整个运维体系有了新的要求，并根据新的要求形成了新的运维体系。原来系统出现故障后，维护人员需要赶到现场对故障设备进行紧急处理，耗时费力，人工成本和系统有效访问率都受到较大影响，有了虚拟化以后问题则得到了解决。

举例来说，虚拟化之前 DNS 服务的主机出现硬件故障时，维护人员需要亲自赶赴现场对故障设备进行维修，自故障发生至故障处理完成至少需要几个小时的时间，而有了虚拟化以后，DNS 服务出现故障时，虚拟化监控系统发现故障，自动协调虚拟化管理系统协调新的资源，根据 DNS 服务模板直接部署新系统上线，或将虚拟备用机直接上线，通过安全管理中心的合规性检查，即可提供 DNS 服务，耗时只需几分钟。

总的来说，新的 IT 运维管理体系对比原有的体系有以下区别：

（1）实现了对资源池的安全管理与控制、调度。

（2）安全中心作为运维管理平台与资源池之间的连接纽带，便于安全管理的贯彻与落实。

（3）整合了虚拟化工具的管理平台，实现了资源的统一运维管理。

（4）4A 系统实现了对维护目标的安全管理与统一操作审计。

（5）运维模式由竖井式变为层次结构，维护人员从维护软硬件转为主要维护资源池。

（6）系统和应用的部署由人工操作转变为模板控制。应用和平台的维护工作，如上线和补丁更新，可统一由管理员通过模板发布，减少了对集成商和开发人员的依赖。

（7）原有对基础设施的维护，分解为物理和虚拟系统的维护。当物理或虚拟的设施发生故障时，可动态调用其他虚拟设施替换，降低了发生单点故障的可能性。

（8）对于IT系统日常工作的约定与管理，包括岗位职责和工作内容约定，提供量化考核依据，形成经验和知识积累。

（9）事件、流程、人员、制度与安全中心并列，形成对资源池的全面管理，强调了制度、流程的约束力。

四、虚拟资源运维的安全管理

虚拟化借助更大的灵活性使IT投资能够实现收益最大化。然而，虚拟化也带来了传统IT中从未出现过的许多新风险。针对虚拟化的特性，结合现有的安全技术和工具，安全管理工作主要是解决虚拟资源之间的安全交互，从逻辑上实现虚拟资源之间的隔离，通过资源调度、访问行为、安全防护等三个方面的管理架构，实现虚拟化的综合安全。

为资源池创建独立的安全文本仅仅是实现虚拟架构安全的第一步。还需要和其它的一些安全措施来配合使用。如下措施需要重点考虑：

（1）账户、权限与资源清单的梳理，明确具有权限的个体才可以访问资源，且在不同资源中使用不同的账户名称。

（2）对于虚拟化维护工具的访问控制。确保只有资源池的管理员（授权个体）才可以通过维护工具对资源池进行操作和维护。

（3）对于虚拟资源的创建、保护与管理，必须由虚拟池管理员操作完成。

（4）虚拟文件的管理。对于虚拟资源的配置组成文件，以及虚拟机中的全部文件夹和文件，管理员应对其进行访问监管，不论虚拟机是否在线，虚拟机文件都必须获得严格的管理和控制。

（5）保证虚拟化管理工具的安全，在物理设备上部署的虚拟机应遵循最小化安装的原则，只提供对外服务器的接口，关闭所有无用服务端口，减少被攻击的可能，杜绝通过虚拟机攻击宿主的行为。

（6）安全管理工具的部署，保证安全策略的下发和执行，安全架构中应包含必要的安全管理工具和常用安全设备，并对其进行整合和架构化管理。

（7）网络流量的分割。为了保证管理数据、在线迁移和数据存储等流量，资源池中应包含多个私有网络，并实施内网和外网的物理隔离。

综上所述，对于虚拟化后的IT运维安全管理，需要从资源池入手，既要实现资源池的安全管理又要兼容未进行虚拟化的设备资源。特别对于资源池的保护、资源池的互访、虚拟资源的建立、消除及迁移均需要综合施法。如图 5-7 所示，对于终端、虚拟设备、物理设备及云端服务都要有较为合理的安全防护。

5.3.3 智能制造信息系统运维管理

智能制造信息系统是架构在云平台上的，一般包括 ERP 和 MES 等应用系统。云计算平台是整个智能制造系统的架构基础，这个平台的好坏直接关系到智能制造系统的好坏；而基于 ITIL 的信息系统的运维也是运维活动的基础。本小节首先分析了云环境的运维特点和运维内容、流程和价值等，然后总体给出了基于 ITIL 的信息系统运维的内容，最后分别具体介绍对 ERP 和 MES 系统的运维管理。

一、工业云平台的运维

（一）云环境的运维特点

随着虚拟化技术在智能制造系统应用的不断深入，传统的运维监控手段无法在云环境下动态监控资源状态和性能、智能评估资源需求、综合分析相关衡量指标，进而无法实现全面统一的 IT 管理、智能化 IT 运维。因此，必须适应云环境下弹性变化的基础架构，应用智能监控技术实现从基础架构到业务应用的全面、自动化运维监控管理，有效增强运维管理的主动性和效率。

1. 运维监控复杂度提升

智能制造系统工业平台虚拟化后，运维监控对象由单个服务器或单个系统转变为虚拟化环境下的集群和虚拟机资源，然而针对集群和虚拟机资源的状态监控更加复杂，工业云平台环境的健康状况、风险、效率也更难掌握，传统的运维监控手段已不能满足云环境运维管理的需要。

2. 系统状态难以跟踪

虚拟化后，应用系统以虚拟机方式运行在虚拟主机上并动态迁移，系统在不同的虚拟主机上状态不一样，因此无法确定资源监控阈值。此外，虚拟机配置动态调整后，应用系统占用的资源比例也会发生变化，系统状态难以跟踪，故障排查和性能分析变得更难。

3. 系统评估指标增多

虚拟化环境中，运维监控的指标不仅增多，数据分析也变得更加复杂，除了要监控虚拟机 CPU 负载、内存、磁盘使用率、网络流量、I/O 速率等传统指标外，还要收集虚拟主机警告、故障、压力、剩余容量、剩余时间、虚拟机密度等评估指标数据，然后进行量化比较和加权分析，才能得出虚拟化平台整体运行状况。

4. 服务要求不断提高

“云”环境下基础设施即服务、平台即服务、软件即服务的理念对运维保障提出了更高要求，传统依靠人工进行定期巡检和故障排查的运维保障方式，存在运维成本高、自动化程度低，风险隐患多等问题，已不能很好地适应业务快速发展的需要。因此，必须通过运维管理智能化和自动化，适应多变的业务需求，提升运维保障水平和服务质量。

（二）云平台运维的目的与模式

基于云平台对智能制造系统的重要性，必须对工业云平台进行运维，主要有如下三大目的。

1. 提高资源管理效率

通过运维监控技术对物理服务器、虚拟机以及网络和存储设备等资源的运行状态、性能、容量进行全面监控，统计分析整个数据中心基础架构的容量与性能，并借助资源管理策略，动态分配资源，实现更高的资源利用率和管理效率。

2. 增强风险防范能力

通过对云环境下 CPU、内存、磁盘空间等关键资源的剩余容量、剩余时间、压力进行提前预判，能在风险发生前发出预警，解决了云环境下运维管理过于被动和风险难以发现等问题。此外，通过一些专业监控工具的自动安全加固和合规审计功能，有效提高了风险防范整体水平。

3. 优化维护管理模式

（1）实现云平台物理资源的统一调配管理

常规模式下对每台物理服务器的一对一管理，变成对所有虚拟服务器的管理，每个虚拟服务器的虚拟硬件设备都是标准化的，对管理员来说，只需通过一个管理界面就可以完成对云平台所有服务器的安装配置、性能监控等管理任务。

（2）转变被动进行设备巡检和故障处理的运维模式

通常情况下，运维人员需要定期登录到应用系统，查看系统性能参数和关键任务运行状况，对于复杂应用还要分别登录到不同服务器进行巡检，处理各类故障和风险。而通过专业监控工具对虚拟主机的进程、服务定时轮询监控，执行监控脚本，出现故障时可根据用户配置好的策略自动进行维护，改变

“先警报后响应”的管理方式，使应用系统安全可靠性显著增强。

（三）云平台的运维方案

云平台的运维方案包括监控技术、基础环境运维、应用服务运维、资源配置管理和运维流程等方面。

1. 运维监控技术

采用虚拟系统性能监控和容量管理工具，收集虚拟化环境和非虚拟化环境中每个级别对象（从虚拟机磁盘驱动器到整个集群）的性能数据，能准确将异常现象关联在一起，指出造成性能问题的根本原因。通过这些工具的配置管理规则，可自动发出报警并主动处理虚拟化环境中的故障和风险。通过这些专业工具分析现有虚拟机资源使用率，对使用率低或未使用的资源提出优化回收建议，方便管理员进行资源再分配，提高资源的管理及使用效率。目前，VMware 推出的管理工具 vRealize Operations Manager（简称 vROps）是一款满足虚拟系统性能监控和容量管理的专业主流工具。

2. 实现基础环境监控

通过监控技术对工业云平台所包含的物理服务器、虚拟机进行全方位的监控管理，并对其他小型机、网络、存储设备进行监控，从而达到对工业云平台基础环境运行状态全面掌握的效果。监控对象主要包括：

（1）物理服务器资源使用情况，包括 CPU、内存、磁盘空间。

（2）虚拟机资源使用情况，包括 vCPU、内存使用情况。

（3）对 CPU、内存等资源超过既定阀值的状态进行告警，并对告警数据进行管理，以了解系统运行状态。

（4）安装代理程序或第三方解决方案，收集虚拟化平台以外的服务器、网络、存储等设备运行参数，扩大监控覆盖范围。

通过不间断地监控云平台各种设备和资源，对出现的故障报警和风险信息进行收集整理，过滤掉大量冗余信息后，以三个超级指标进行总结展现：健康状况、系统风险、运行效率。管理员通过三个超级指标，可有效掌握工业云平台运行情况，并对潜在风险采取预防措施，来保证整个云平台的运行效率和服务质量。

3. 实现应用服务管理

加强应用系统监控，在虚拟化、非虚拟化服务器上安装终端管理代理程序，将应用系统关键进程（如 GTP、UQ、TongLink 等）和服务（NBU、DB2、WAS 等）配置为监控对象，实现关键应用的实时监控，提高业务系统故障发现、问题处理效率。重点监控关键应用的可用性，关注数据库表空间、缓冲池使用情况。

4. 实现资源配置管理

强化主机配置数据（软、硬件）的发现、比较、变更和审计管理，发掘虚拟机与物理服务器的依赖关系，以及应用软件间相互依赖关系。通过细粒度的配置管理，帮助运维管理人员了解虚拟化环境的组成（即虚拟化 IT 基础架构），掌握虚拟机配置发生变化的原因和时机，熟悉应用系统之间的相互依赖关系，从而达到精细化高效管理的效果。

5. 规范运维管理流程

进一步规范运维管理流程，为虚拟化平台制定标准化的运维流程，包括问题管理、事件管理、发布管理等标准管理流程，同时为使用者提供直观、方便、全图形化的基于浏览器的管理界面。通过规范的流程管理提高问题解决的效率，降低风险。

二、基于 ITIL 的信息系统运维

智能制造系统业务覆盖面广、业务逻辑严谨，周边集成系统多，接口复杂；技术平台配置复杂，网络硬件设备多。复杂的软硬件环境及日益庞大的业务应用对智能制造系统运维管理提出更高的要求。因此，本节以 ITIL 的方法论为指导，总体介绍了信息系统的运维体系。

根据 ITIL 的最佳实践，基于 ITIL 的智能制造系统运维管理可以分为组织架构、服务台、运维制度和监督与保障体系等四大方面，分别介绍如下。

（一）组织架构的建立

按照智能制造系统运维工作要求以及企业自身业务特点，遵循“统一领导、集中维护和分级支持相结合”的原则，可建立关键用户、内部顾问、专家支持三级运维架构，成立以企业 IT 运维部门为核心，各业务部门关键用户充分参与，内外部咨询顾问协作支撑的组织机构。

（1）一级运维成员由各部门关键用户组成，其主要职责包括：企业信息系统日常应用支持，代表本部门或业务模块向二级运维提报应用问题和需求，对于信息系统功能提升、业务流程调整等较大变更需求进行协调并提报，会计科目、产品、供应商及客户等主数据的管理工作，制定并完善本业务模块系统操作规范和管理制度，配合二级运维开展相关工作。

（2）二级运维是在企业集团层面构建的集中统一运行维护组织，成员由信息系统咨询顾问构成，其主要职责包括：信息系统日常应用支持，接收和处理一级运维提报的问题，系统变更需求的技术和业务评估、方案制定和实施，

系统运行监控、传输管理、系统性能和安全管理等工作，系统账号、权限管理，软硬件的更新、维护和升级，系统的备份和恢复，以及对运维进行相关培训，与外部相关方沟通，共同解决系统问题。

（3）三级运维是由企业技术、业务专家共同组成的专家中心，其主要面向二级运维，协助其解决业务应用、软件系统、硬件设施等方面的问题。

（二）服务台的建立

服务台即通常人们所指呼叫中心或客户服务中心，它不是一个服务管理过程，而是一种服务职能，它是信息系统最终用户与运行维护组的联络平台、问题提报平台，而且具有知识积累的作用。在智能制造环境下，服务台也要以自动化、智能化的方式来实现，通常体现为一个统一集成的云运维平台。

服务台日常工作是收集整理包括自动化流程以及人工上报的各类问题，结合大数据人工智能和自动化等技术，按既定流程落实安排处理并协调解决各类问题。具体服务方式可通过问题提报系统进行自助服务、热线服务、远程支持、现场服务，乃至通过智能方式自动解决等等。

（三）运维工作制度化标准化

遵循 ITIL 服务管理的理念，企业可制定信息系统账号权限管理、运维细则、运维团队管理办法等管理制度，推动运维的标准化、制度化和规范化。优化运维流程，落实运维人员的责任和工作内容，提高了运维效率，保证日常各项维护工作落到实处。

（四）建立监督、保障体系

（1）依托本书后面章节介绍的智能制造自动化云运维平台实现集中监控。通过该平台系统采集各类设备、系统应用的基本指标，实现对运行系统的集中监控，保证技术层面的问题和隐患能及时发现。

（2）结合自动化云运维平台和安灯系统等，建立巡检机制，明确内容。制定日检、周检、月检、季检清单，不仅明确巡检人员检查任务和汇报机制，而且及时发现设备、网络、应用等方面是否有异常，保证运维人员能对问题和故障快速跟踪和消除隐患。

（3）严格变更管理。信息系统项目的实施和运维构成的是一个闭环的生命周期，理应实现良性的互动和可靠的管理，能够对任何业务需求的变更及时做出反应，始终记录需求导致的系统变更。企业要确定自动化云运维平台在企业信息化系统项目实施和运维工作中的角色分工和工作界面，保证其成为一个有机的整体，以实现流程驱动信息系统实施方法的有效执行。

该方案以 ITIL 方法论为指导，结合企业自身信息系统运行现状，结合自动化云运维平台技术，从人员、流程、技术三方面进行了一系列的规范化和标准化，化人为管理为制度管理，化黑箱管理为透明管理，化多头管理为扁平化的集中管理，提高业务运作的规范性，提升了运维服务管理水平。

三、ERP 系统的运维

ERP 系统是时下主流的企业管理模式之一，它不仅体现了现在最先进的企业管理模式，而且是把企业信息集成化，使企业管理者对企业的发展和管理可以提供有效的信息。在 ERP 平台下，各系统要实现相互结合，各自发挥关联性、系统性、实时性等功能，各系统间可达到相互补充的效果。ERP 为管理核心的智能制造信息系统承担了越来越多的业务，每个业务模块都成为企业正常运行不可缺少的一部分，更要求系统能高效稳定的运行。一旦系统出现异常，将严重影响企业正常运行。

ERP 系统中采用的技术和架构复杂且庞大，信息系统正常运行所依赖的环节越来越多，其故障问题和性能瓶颈的定位也越来越困难。为保障企业系统的稳定、高效运行，需要建立自动化的运维流程平台、运维管理制度、对整个系统环境进行数据主动挖掘采集并尽早消除运行隐患，及时发现并快速解决各类故障。实现系统运维从被动处理向主动预防转变，从而在降低系统出现故障几率的同时也能提高信息部门的服务水平。

ERP 系统的运维是指 ERP 系统上线后的运行和维护保障。ERP 系统的运维主要包括与 ERP 系统相关的硬件、软件、网络、系统、安全、数据、用户操作等多方面的工作。

（一）运维的重点工作

ERP 上线后如何让系统稳定运行，通过 ERP 提升管理品质，运维工作是落实 ERP 及规划的重要环节，包括：

（1）建设运行维护团队。

（2）建立相应的规章及考核制度。

（3）积累和分析维护数据。

（4）完善处理问题的流程。

（5）建立集成的自动化监控平台。

除了上节中整体提到的运维团队架构、运维管理体系和自动化云运维平台外，在 ERP 的运维工作中还需要重点注意以下几个方面。

（1）业务操作支持。运维过程中出现的主要问题多数是用户的应用操作问题，可定期或者不定期开设 ERP 使用操作培训，尽最大可能让用户自己掌握操作技能。业务和 IT 部门需要积极对 ERP 应用过程出现的问题进行分析反馈，处理归纳并向用户进行经验传授，形成有效的知识库，避免相同的问题重复处理，浪费大量的智力资源。

（2）优化系统工作。随着用户数量、业务数据量的大量增长，系统运行的性能会下降，因此，运维阶段应该在硬件和软件方面对系统进行优化，监控数据库系统、网络流量等参数，对系统的运行进行预测，必要时也需要升级硬件设备，同时优化报表查询功能、定期归档数据，最大限度减少系统消耗。

（3）数据安全工作。ERP 系统保存了大量十分重要的企业核心数据（财务、人力资源和供应链等信息），虽然在数据备份和安全领域已有了完整的保护方案和技术手段，但仍然存在一些容易被忽视的工作，比如对数据备份的校验和恢复演练，对硬件和存储空间预警缺乏足够的处理，一旦引发故障，就会导致严重的后果。

（二）建立完善的运维管理体制制度

想要提高 ERP 的安全可靠性和运作效率，专业人员要严格管理和维护 ERP 体系、要拟定科学的管理制度，实现量化、制度化的分析和核对计算，协调好各组控件，做到健康运维。

首先企业要建立上节介绍的运维组织架构，做到充分利用 ERP 系统的应用审核结果提升企业的管理。目前，企业大多通过提升服务器和网路维护、定性方面的设计来运维量化指标。实现较少的运维服务量，最大的客户满意度。在考核工作方面，针对指标的目的和要求，可能存在不够明确性情况，造成实际操作性较弱。在监督的考核制度方面，也只停留在了表面工作，ERP 的运维人员要做到量化管理，以降低事故发生频率和缩短平均解决时间、提高平均效益、提高主动解决的精神。依据工作实际遇到的问题来确定遇到问题的策略，做出合理的方案，完善对 ERP 人员的奖励制度，提高运维工作的质量。

（三）完善处理问题的流程

ERP 作为企业管理信息系统的特殊性，与生产信息系统有不同的地方，实时性不是其最重要的要求。更多的问题来自于用户的报告。在运维体系中，要分类整理问题，以缩短解决问题的效率，及时地转到解决问题的自动化平台或专业顾问。处理问题时，相关组织者要根据实际情况，及时调整工作负责人的工作位置，做好对问题的追踪与分析。在问题解决后，负责人要及时填写解决方案，对于问提要按优先级和提报的时间来安排问题解决的先后。

优先级的难度设置要合理，否则可能会导致问题无法得到快速及时地解决，系统的增强和系统配置等问题应由权限和报表的实际情况，然后交由相关专业人员审批处理。各个负责人要写清楚是否同意后续处理，根据实际情况填写处理意见和解决方案。在处理完问题后，相应工作人员要告知问题提报人员。问题提报人员则要及时做好组织用户进行校对和检验工作，若发现问题，要鼓励人员及时地把问题提报到运维中心，及时联系运维组的专业工作人员。如果没有发现问题，即可以将问题关闭。

由于使用问题提交系统的关键用户并不都是问题提报用户者，所以在运行 ERP 时，就可能遇到突发情况，进而出现没有及时提交情况发生。或者问题提报系统反应时间迟钝，造成当天存在问题无法及时解决，造成中间环节无法实施或者中间环节脱节的情况出现。运维组要建立自动化的系统来与提报用户进行自动化的交互，对提交问题进行自动化的处理。一些无法自动处理的提报问题则自动分类并推送到相应的专业顾问，使问题可以得到快速及时地解决。

（四）集成监控平台的建立

各类信息系统提供的服务是否正常，需要从多方面多角度来判断。利用智能制造信息集成监控管理平台，涵盖支撑医院业务应用正常运作的 IT 基础设施和应用系统，最终实现智能制造业务应用健康状况全方位监控平台。

监控范围应分为两个维度：纵向为网络设备、主机设备、操作系统、数据库、中间件和应用系统、桌面终端等，并可扩展到业务运作健康状况监控；横向为可用性、性能、资源、安全和异常错误等多个方面监控。在信息系统运行的过程中，我们采集、存储了信息系统各个运行环节的运行数据，包括每个运行环节的日志、由信息系统产生的部分业务数据、各个运行环节某一时间点的状态数据、某一时间段内的统计数据等。信息系统各个运行环节的日志数据内容很丰富，能反映各个运行环节运行情况、用户使用情况等。

（五）基于监控数据分析实现主动预防

信息系统一旦投入使用，随着需求的不断增加和后台数据库的变化，其运行状态也会时刻发生变化。这些系统状态的变化会直接影响用户的正常操作和感受，因此我们必须时刻关注在线系统的运行状态，及时发现系统存在的异常问题，通过对日常系统的运行监测，收集系统运行数据，包括服务器数据、网络、中间件和数据库运行数据等，对各类运行数据进行分析与挖掘，将结果以清晰、直观的方式展现出来，进而提炼出各类信息系统的运行规律，最大化发挥运行数据的价值，为信息系统及运行环境的优化提供建议，并为企业信息系统管理工作的优化提供数据支持。

通过及时处理系统的异常情况，避免系统更严重事件的发生，真正实现了系统运维由原来的被动处理开始向主动预防方式的转变。可以通过监控平台的告警信息显示监控服务器 CPU 等资源的使用率情况。监控网络设备资源使用实时状态，如路由器的丢包现象等。监控数据表空间使用实时状态，查看是否出现表空间使用率超过某个阈值的现象。检测病毒软件扫描情况，是否有病毒报警信息等等，通过这些信息及时地处理问题，从而实现问题的主动预防。

大型企业 ERP 系统运维体系的建立是一项系统工程，涉及人才的培养与选拔、部门的组建、规章制度的建立、考核体系的建立、运维流程的规范、沟通机制的建立、内控体系的建立，同时涉及应用 ERP 系统的各级业务主管部门和具体系统操作人员，涉及的人数多。如果不能确保 ERP 系统安全稳定地运行，及时处理发生的各类问题，企业的生产经营将受到严重影响，ERP 不仅不能为企业带来利益，可能还会成为企业生存和发展的障碍。为此，大型企业在决定应用 ERP 的那天开始，就要充分考虑 ERP 系统上线的运维工作，未雨绸缪，提前准备，科学合理地建设 ERP 运维体系。

四、MES 系统的运维

MES 系统定义为"位于上层的计划管理系统与底层的工业控制之间的面向车间层的管理信息系统"，它为操作人员/管理人员提供计划的执行、跟踪所有资源（人、设备、物料、客户需求等）的当前状态。随着上游 ERP、PLM 等信息化建设的逐步完成，以及越来越多的自动化设备的普及，作为企业中起到承上启下作用的 MES，其价值越来越重要，并已经发展为智能制造的核心信息化系统。

MES 是企业核心生产信息系统之一，有效支撑了企业日常生产运行及管理。由于 MES 系统所具有的数据实时性强、稳定性高、数据量大等特点，而 MES 系统的分布式架构给传统的运维工作带来诸多不便之处，用户发现问题后，采用传统的方法提交到 MES 技术支持中心，中心统一进行问题的处理，所需要的技术支持周期较长、时效性较差，发现问题不直接，难以满足生产企业对信息系统技术支持工作提出的实时监控、及时预警、主动运维的要求"。MES 技术支持工作客观上需要对智能制造企业 MES 软、硬件系统进行实时监控，全面掌握系统运行状况，发现隐患，及时预防，确保系统长期稳定运行。

下面分别从人员管理、制度和流程管理、集成监控平台的建立，以及系统运行考核等几个方面来介绍 MES 系统的运维管理活动。

（一）人员管理

在系统运维管理工作中，只有有了高水平、经验丰富的技术人员才能把MES系统建好、管好、用好，因此，要把运维技术队伍的建设放在运维工作的第一位。智能制造MES系统运维人员的选拔面向系统建设队伍，全面参加项目详细设计、系统配置、上线前的功能、性能和试运行维护等，使他们的知识和技术水平在项目建设过程中得到更新和提升。基于ITIL的管理架构，采用集中模式下的运行维护管理体系，合理调配资源，建立起包含业务、系统、咨询和专家组，每个小组根据技术关联性划分系统运维岗位职责，全面细致的定义每个岗位的运维内容。

（二）制度和流程管理

智能制造企业的MES运维可以采用三级运维体制，即地区公司运维、MES技术支持中心、外部专家支持。系统运维采用分层处理原则，不全部集中到技术支持中心处理，充分发挥基层熟悉操作、业务流程变化的优势，实现在地区公司、技术支持中心、外部专家支持按一定权限三级解决，科学划分岗位职责，明细化运维内容。在流程的执行方面，制定高效的运维流程，如系统日常运维操作流程、系统权限管理办法、系统故障应急流程等。通过自动化运维平台、热线电话、远程协助、现场支持等不同方式对地区公司MES系统进行技术支持，保障系统安全、平稳运行。

明确角色与职责。确定与MES系统运行维护有关的不同部门的角色及其职责，如生产管理部、质量技术部、IT支持部、内部审计部、设备部、安全与环境部等等。明确管理的要求，包括权限管理、用户访问管理、数据和接口管理、日志管理、备份管理、问题管理和系统故障处理等。

运维专家团队利用自动化运维管理平台，对MES系统进行监控和日常运维，并不断完善专家知识库，为企业用户提供在线支持和技术交流，支撑和服务企业日常运作、提升系统的应用，使之发挥最大的效益，成为一套高效的生产管理系统。制定切实可行的运行维护管理实施细则，将各种运维活动按照流程的方式加以组织，使各岗位人员在制度的规范下协同操作，有效解决各类运维问题，实现各项工作的规范化管理，问题提交与反馈等各个方面，全部实现具体化、程序化、流程化，做到“责任到人、有章可循”。运行维护管理细则可分为：运行维护组织、运维计划、运维流程、运行管理、维护管理、突发事件处理、备份管理、安全管理、变更管理和运行维护考核等。

（三）集成监控平台的建立

随着 MES 系统的广泛和深入应用，系统越来越复杂，服务器、应用模块、用户数量等成倍增加，如果还像过去一样仅靠人工来监控，越来越不能满足安全稳定运行的要求，因此，系统运行监控技术需要应用到运维中。通过建设网络信息平台，为企业用户提供在线帮助和技术支持，通过不断完善专家知识库，为用户提供知识共享和技术交流，提供 7×24 小时运维支持。

需要建立一个统一的自动化云运维平台，来对信息系统运行环境、运行状况等进行实时监控和事后分析，并提供报警手段，不仅可以对系统出现异常情况进行及时报警，并辅助快速定位故障点，而且还可以根据监控日志提供的线索，来检查系统的健康状况，做到防患于未然。对 MES 系统的监控主要包括：服务器运行状态监控、网络监控、数据库监控，应用系统监控，实时数据接口状态监控、生产运行信息平台监控等。通过借助运行监控系统，使运维人员及时发现系统出现的各类问题，提高了运维的相应速度，为快速恢复系统应用赢得了时间，加强了运维工作的时效性。

（四）系统运行考核

对 MES 系统运行建立完整的考核管理制度，制定一套比较详细的考核标准。细分考核指标，通过提取关键指标实现系统的自动考核，根据每月的考核信息和监控情况，形成有数据、有分析、有建议的报告，对于考核中出现的问题，抓紧落实和整改，促进系统的应用。

总之，针对智能制造企业 MES 系统数量多、应用范围广、部署分散等特点，通过制定一系列的运维管理办法、建立运维管理体系、制定运维流程，加强了对系统的监控和管理。通过运行监控系统，实现对系统运行状况的实时监控，提高运维速率，通过系统的自动考核，督促和加深系统的应用效果，为全面掌握和了解运维状况，进一步做好 MES 系统的运维工作起到很好的作用。

5.4 智能制造下的物流服务

5.4.1 供应链、仓储物流与生产物流解读

一、供应链

供应链是指围绕核心企业，从配套零件开始，制成中间产品以及最终产品，最后由销售网络把产品送到消费者手中的、将供应商，制造商，分销商直到最终用户连成一个整体的功能网链结构。

供应链的概念是从扩大生产概念发展来的，它将企业的生产活动进行了前伸和后延。日本丰田公司的精益协作方式中就将供应商的活动视为生产活动的有机组成部分而加以控制和协调。供应链就是通过计划（Plan）、获得（Obtain）、存储（Store）、分销（Distribute）、服务（Serve）等这样一些活动而在顾客和供应商之间形成的一种衔接（Interface），从而使企业能满足内外部顾客的需求。

形象地，我们可以把供应链描绘成一棵枝叶茂盛的大树：生产企业构成树根；独家代理商则是主干；分销商是树枝和树梢；满树的绿叶红花是最终用户；在根与主干、枝与干的一个个结点，蕴藏着一次次的流通，遍体相通的脉络便是信息管理系统。

供应链是一个包含供应商、制造商、运输商、零售商以及客户等多个主体的系统。供应链管理就是指对整个供应链系统进行计划、协调、操作、控制和优化的各种活动和过程，其目标是将顾客所需的正确的产品，能够在正确的时间，按照正确的数量、质量和状态送到正确的地点，并使这一过程所耗费的总成本最小。显然，供应链管理是一种体现着整合与协调思想的管理模式。它要求组成供应链系统的成员企业协同运作，共同应对外部市场复杂多变的形势。

然而，面对经济全球化时代复杂多变的市场环境，要实现高效率的供应链管理很不容易。其中一个重要原因就是市场上每时每刻都出现大量的信息，其中蕴涵着丰富的机遇，也预示着不小的风险。但是供应链中的企业往往不能及时、准确地掌握有用的信息，因而在决策时十分茫然，难以作出正确抉择。也就是说，各成员企业间应该进行充分的信息共享，消除供应链系统内部的不确

定性。能够解决这一难题的办法就是进行信息化。可是信息化的方式是多种多样的，选择不当就不能达到预期效果。那么对于我国企业来说，应该如何确定自己的信息化道路呢？本文认为，正确的信息化策略必须满足两个要求，一是能够让企业管理者实时获取各种必要信息；二是便于与其他企业展开合作。基于这一思路，本文将在考虑我国企业现状的基础上，运用供应链管理的思想，提出能消除企业信息瓶颈、改善企业管理绩效的移动信息化策略。

供应链管理模式下的信息整合方式，企业应该尽可能地选择供应链伙伴作为信息化合作对象，实施供应链信息化。这是因为企业的根本目标在于追求自身利润的最大化，而这一目标的实现，是通过很好地满足下游企业的需求来实现的，在这一过程中，还必须依赖于上游企业的供应。所以供需关系是联结企业与企业的最紧密的关系。每个企业都应该从供需匹配的视角来思考问题。对于供应链中的一个节点企业来说，它很关心来自于上游的供应信息和下游的需求信息。如果能够充分了解这些信息，它就能有的放矢地进行生产、运输和销售等方面的安排。供应链管理要求信息化完成以后，企业的管理人员能够通过信息系统有效地了解到这些信息，而不是像传统的企业信息化那样，只能形成掌控本企业中局部信息的能力。

二、仓储物流

仓储物流（Warehousing Logistics），就是利用自建或租赁库房、场地、储存、保管、装卸搬运、配送货物。传统的仓储定义是从物资储备的角度给出的。现代“仓储”不是传统意义上的“仓库”“仓库管理”，而是在经济全球化与供应链一体化背景下的仓储，是现代物流系统中的仓储。

随着物流向供应链管理的发展，企业越来越多地强调仓储作为供应链中的一个资源提供者的独特角色。仓库再也不仅是存储货物的库房了。仓储角色的变化，用一句话概括，就是仓库向配送中心的转化。传统仓库与配送中心的本质区别是：仓库侧重于管理空间，而配送中心更侧重于管理时间（即物品周转速度），所以说，二者的本质区别是配送中心既管理空间又管理时间。

（一）在物流和供应链中角色

首先，仓储是物流与供应链中的库存控制中心。库存成本是主要的供应链成本之一。在美国，库存成本约占总物流成本的三分之一。因此，管理库存、减少库存、控制库存成本就成为仓储在供应链框架下降低供应链总成本的主要任务。

其次，仓储是物流与供应链中的调度中心。仓储直接与供应链的效率和反应速度相关。人们希望现代仓储处理物品的准确率能达到99%以上，并能够对特殊需求做出快速反应。当日配送已经成为许多仓库所采用的一种业务方式。客户和仓库管理人员不断提高精确度、及时性、灵活性和对客户需求的反应程度等方面的目标。

再次，仓储是物流与供应链中的增值服务中心。现代仓储不仅提供传统的储存服务，还提供与制造业的延迟策略相关的后期组装、包装、打码、贴唛、客户服务等增值服务，提高客户满意度，从而提高供应链上的服务水平。可以说，物流与供应链中的绝大部分增值服务都体现在仓储。

最后，仓储还是现代物流设备与技术的主要应用中心。供应链一体化管理，是通过现代管理技术和科技手段的应用而实现的，效率，促进了供应链上的一体化运作，而软件技术、互联网技术、自动分拣技术、光导分拣、RFID、声控技术等先进的科技手段和设备的应用，则为提高仓储效率提供了实现的条件。

（二）仓储的五个内涵

现代“仓储”不是传统意义上的“仓库”“仓库管理”，而是在经济全球化与供应链一体化背景下的仓储，是现代物流系统中的仓储，它表示一项活动或一个过程，是以满足供应链上下游的需求为目的，在特定的有形或无形的场所、运用现代技术对物品的进出、库存、分拣、包装、配送及其信息进行有效的计划、执行和控制的物流活动。从这个概念可以看出，仓储有以下五个基本内涵：

（1）物流活动

仓储首先是一项物流活动，或者说物流活动是仓储的本质属性。仓储不是生产、不是交易，而是为生产与交易服务的物流活动中的一项。这表明仓储只是物流活动之一，物流还有其他活动，仓储应该融于整个物流系统之中，应该与其他物流活动相联系、相配合。这一点与过去的“仓库管理”是有重大区别的。

（2）仓储活动

仓储活动、或者说仓储的基本功能包括了物品的进出、库存、分拣、包装、配送及其信息处理等六个方面，其中，物品的出入库与在库管理可以说是仓储的最基本的活动，也是传统仓储的基本功能，只不过管理手段与管理水平得到了提升；物品的分拣与包装，过去也是有的，只不过更普遍、更深入、更精细，甚至已经与物品的出入库及在库管理相结合、共同构成现代仓储的基本功能；之所以将“配送”作为仓储活动、作为仓储的基本功能之一，是因为配送不是一般意义上的运输，而是仓储的自然延伸，是仓库发展为配送中心的内存要求，如果没有配送，仓储也就仍然是孤立的仓库；至于信息处理，已经是现代经济活动的普遍现象，当然也应是仓储活动的内容之一，离开了信息处理，也就不成其为现代仓储了。

(3) 发展趋势

随着现代工业生产的发展，柔性制造系统（Flexible Manufacturing Systems）、计算机集成制造系统（Computer Integrated Manufacturing Systems）和工厂自动化（Factory Automation）对自动化仓储提出更高的要求，搬运仓储技术要具有更可靠、更实时的信息，工厂和仓库中的物流必须伴随着并行的信息流。

射频数据通信、条形码技术、扫描技术和数据采集越来越多的应用于仓库堆垛机、自动导引车和传送带等运输设备上，移动式机器人也作为柔性物流工具在柔性生产中、仓储和产品发送中日益发挥重要作用。实现系统柔性化，采用灵活的传输设备和物流线路是实现物流和仓储自动化的趋势。

人工智能技术的发展必将推动自动化仓库技术向更高阶段即智能自动化方向发展，在智能自动化物流阶段，生产计划作出后，自动生成物料和人力需求，查看存货单和购货单，规划并完成物流。如果物料不够，无法满足生产要求，系统会自动推荐修改计划以便生产出等值产品。这种系统是将人工智能集成到物流系统中。

智能仓储系统的基本原理已经在一些实际的物流系统中逐步得到实现。可以预见，21 世纪智能仓储技术将具有广阔的应用前景。

(4) 配送解决方案

随着电子商务日益发展，物流配送业务也日趋庞大，甚至出现了供不应求的市场局面。因此仓储物流行业在近几年变得异常火爆，这类企业主要业务除了仓储、代发货、物流配送，还包括了配送跟踪、终端消费者退货投诉处理等业务。而一家全面的仓储物流公司还会帮助供应商提供具体的物流解决方案，比如高效的配送方案、低成本的配送选择等。

(5) 应对措施

由于以上出现的问题直接造成了自动化仓库使用频度低和大量资源的闲置，因此应采取积极的应对措施以改变现有的状况。

盘活资产，充分利用现有设备开发闲置资源，盘活资产存量，提高设备利用率，是物流业在转换经营机制过程中提高经济效益的一个重要措施。把闲置的资源充分置于开放的市场中，打破行业与行政区域界限，让市场对资源进行有效合理的配置。出台相关的政策，鼓励专业机构经营闲置设备，扩展设备信息交流渠道，增强信息服务手段。通过正常渠道有偿转让、变卖、租赁、换用闲置设备。

尽可能实现资源共享，防止资源的不必要浪费研究与推广现代物流管理与运作方式，让生产过程与自动化仓库技术结合，提高企业内部物流的速度。利用网络技术，开展电子商务，实现物流手段现代化和组织网络化，充分利用外部相关产业、企业的资源，真正实现物流经营的规模化、资源共享、风险共担与厂商、批发商、零售商共同建设和使用自动化仓库，成为存货商、配送商、运输商、中转商、流通加工基地及其自有物流基地的后援。为社会提供第三方物流服务，形成一个完整的物流配送体系。在最短时间内完成任何区域内（包括国际）的物流任务，并使物流成本合理，尽可能进行横向联合，开放各自的物流资源，提高市场占有率。

全面提高员工素质，完善自动化仓库的管理机制物流设备要实现高效能利用，需要有相适应的物流环境和科学管理，这些都要求有高素质的人才。缺乏实践经验的情况下，可采取“走出去，请进来”的办法，去发达国家考察学习，请专业人士或高校教师介绍经验、传授知识、办学习班等，或在技术院校招聘物流专业技术型人才，尽快解决操作人员和维修人员缺乏的局面。做好消化吸收工作，使其尽快国产化，以适应市场需要。

自动化仓储是物资流通中的关键单元，担负着重要的作用，在发达国家“建库就建自动仓库”已成为必然。我国经济已逐渐融入世界经济，成为全球的加工基地。但目前我国自动化立体库市场总体状况是供过于求，且普遍利润较低。自动化立体库是加工企业所需的二线或三线装备，长远来看，其中蕴藏着巨大商机。

随着加工企业规模的扩大和投资者信心的增强，自动化立体库必将得到广泛使用。

三、生产物流

生产物流（Production Logistics）是指在生产工艺中的物流活动。一般是指原材料、外购件等投入生产后，经过下料、发料，运送到各加工点和存储点，以在制品的形态，从一个生产单位（仓库）流入另一个生产单位，按照规定的工艺过程进行加工、储存，借助一定的运输装置，在某个点内流转，又从某个点内流出，始终体现着物料实物形态的流转过程。

这种物流活动是与整个生产工艺过程伴生的，实际上已经构成了生产工艺过程的一部分。过去人们在研究生产活动时，主要关注一个又一个的生产加工过程，而忽视了将每一个生产加工过程串在一起的、并且又和每一个生产加工过程同时出现的物流活动。例如，不断离开上一道工序，进入下一道工序，便会不断发生搬上搬下、向前运动、暂时停止等物流活动。实际上，一个生产周期，物流活动所用的时间远多于实际加工的时间。所以，企业生产物流研究的潜力，时间节约的潜力、劳动节约的潜力是非常大的。

（一）多层分析

生产物流是企业物流的关键环节，从物流的范围分析，企业生产系统中物流的边界起于原材料、外购件的投入，止于成品仓库。它贯穿生产全过程，横跨整个企业（车间、工段），其流经的范围是全厂性的、全过程的。物料投入生产后即形成物流，并随着时间进程不断改变自己的实物形态（如加工、装配、储存、搬运、等待状态）和场所位置（各车间、工段、工作地、仓库）。

从物流属性分析，企业生产物流是指生产所需物料在时间和空间上的运动全过程，是生产系统的动态表现。换言之，物料（原材料、辅助材料、零配件、在制品、成品）经历生产系统各个生产阶段或工序的全部运动过程就是生产物流。

从生产工艺角度分析，生产物流是指企业在生产工艺中的物流活动，即物料不断地离开上一工序，进入下一工序，不断发生搬上搬下、向前运动、暂时停滞等活动。这种物流活动是与整个生产工艺过程伴生的，实际上已构成了生产工艺过程的一部分。

因此，生产物流是企业生产活动与物流活动的有机结合，对生产物流流程的优化设计离不开对企业生产因素的考虑，二者是不可分割的。生产物流的优化设计主要从三个方面入手：第一，生产流程对物流线路的影响；第二，生产能力对物流设施配备的要求；第三，生产节拍对物流量的影响。

（二）大概流程

生产物流的基本工作是按照物资需求计划的指令，准时保量无差错地将生产所需要的物资配送到现场和每一个工作中心。生产物流包括以下内容：（1）场内仓储管理；（2）物流设施设备的选用；（3）库存管理。

企业生产物流的过程大体为：原材料、零部件、燃料等辅助材料从企业仓库和企业的“门口”开始，进入到生产线开始端，再进一步随生产加工过程各个环节运动，在运动过程中，本身被加工，同时产生一些废料、余料，直到生产加工终结，再运动至成品仓库便终结了企业生产物流过程。

生产物流和生产流程同步，是从原材料购进开始直到产成品发送为止的全过程的物流活动。原材料、半成品等按照工艺流程在各个加工点之间不停顿地移动、转移，形成了生产物流。它是制造产品的生产企业所特有的活动，如果生产中断了，生产物流也就随之中断了。生产物流的发展历经了人工物流—机械化物流—自动化物流—集成化物流—智能化物流五个阶段。

（三）主要功能要素

企业生产物流的主要功能要素也不同于社会物流。一般物流的功能的主要要素是运输和储存，其他是作为辅助性或次要功能或强化性功能要素出现的。企业物流主要功能要素则是搬运活动。

许多生产企业的生产过程，实际上是物料不停的搬运过程，在不停搬运过程中，物料得到了加工，改变了形态。

即使是配送企业和批发企业的企业内部物流，实际也是不断搬运过程，通过搬运，商品完成了分货、拣选、配货工作，完成了大改小、小集大的换装工作，从而使商品形成了可配送或可批发的形态。

（四）工艺操作

（1）工厂布置

工厂布置是指工厂范围内，各生产手段的位置确定，各生产手段之间的衔接和以何种方式实现这些生产手段。具体来讲，就是机械装备、仓库、厂房等生产手段和实现生产手段的建筑设施的位置确定。这是生产物流的前提条件，应当是生产物流活动的一个环节。在确定工厂布置时，单考虑工艺是不够的，必须要考虑整个物流过程。

（2）工艺流程

工艺流程是技术加工过程、化学反应过程与物流过程的统一体。在已往的工艺过程中，如果认真分析物料的运动，会发现有许多不合理的运动。例如，厂内起始仓库搬运路线不合理，搬运装卸次数过多；仓库对各车间的相对位置不合理；在工艺过程中物料过长的运动，迂回运动，相向运动等。这些问题都反映了工艺过程缺乏物流考虑。

工艺流程有三种典型的物流形式：

a. 加工物固定，加工和制造操作处于物流状态。例如建筑工程工艺、大型船舶制造等。

b. 加工和制造的手段固定，被加工物处于物流状态。这种工艺形式是广泛存在的形式，化学工业中许多在管道或反应釜中的化学反应过程，水泥工业中窑炉内物料不停运动完成高温热化学反应过程，高炉冶金过程、轧钢过程。更典型的是流水线装配机械、汽车、电视机等，属于这种类型。

c. 被加工物及加工手段都在运动中完成加工的工艺。除去上述两类极端工艺外，许多工艺是两类的过渡形式，并具两类的特点。

（3）物流结点

生产物流结点，主要以仓库形式存在，虽然都名为仓库，但生产物流中各仓库的功能、作用乃至设计、技术都是有区别的。一般说来，生产物流中的仓库有两种不同类型。

a. 储存型仓库

一般来讲，在生产物流中，这种仓库是希望尽量减少的。在生产物流中，这不是主体。

b. 衔接型仓库

衔接型仓库是生产企业中各种类型中间仓库的统称，有时就干脆称中间仓库。

中间库完全在企业的可控范围之内，因此，可以采用种种方法缩减这种仓库，甚至完全取消这种仓库，解决这一问题需要管理方法与调整技术并用。从技术方面来讲，是调整半成品生产与成品生产的速率，在这一方面，现在采用的看板方式和物料需求计划方式（MRP 方式）都有可能解决这一问题，以达到生产物流的优化。

（4）典型例子

a. 利用输送机的生产物流

输送机是生产物流采用的主要通用物流机具，甚至形成了一种生产方式的代表。本世纪初，泰勒的“科学管理”就以传送带为“科学管理”方法的内容之一。同时期，美国汽车工业巨头亨利·福特创造的“福特制”，更以连续不停的传送带运转来组织标准化的、机械化的甚至自动化的生产，使输送机成了现代化大生产的非常重要的机具。

输送机在生产工艺中采用，主要在两方面，一方面是作为物料输送用，例如矿石、煤炭原材料的运输；另一方面是用作装配中的主要机具，工人固定在装配线上某一位置，每个工人完成一种标准的作业，随输送机不停运行，从输送机一端进入的半成品（如汽车骨架）在输送机前进过程中，不断安装各个组件、零件，在输送机另一端输出制成品。

采用输送机作为装配线或生产工艺的生产领域主要有汽车工业、家用电器工业、电子工业、仪表工业、机械制造工业等。在生产流水线采用的主要输送机种类有：皮带输送机、辊道输送机、链式输送机、悬挂输送机、板式输送机等。

b. 作业车

以作业车为放置被加工物的物流载体，随作业车沿既定工序运动，不断完

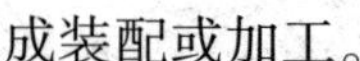

成装配或加工。

c. 专业技术装备

具有物流能力的专业技术装备，这类技术装备是以实现加工、制造、反应等技术手段为主要目的。装备本身虽有物流能力，可以使物料在运动过程中接受各个固定位置的技术加工措施，但是它却完全不同于通用的物流机具，不能将其看成是物流设备。

一个生产物流作业计划依赖于制造过程的构成。根据制造过程、制造的生产工艺、规模、专业化和协作化水平，制定生产过程的物流计划，并进行有效控制，使整个生产物流过程达到连续性、平行性、节奏性、比例性和适应性。生产物流计划的任务就是要保证生产计划的顺利完成，由此，需要研究物料在生产过程中的运动规律，以及在各工艺阶段的运动周期性，以此来安排经过各个工艺阶段的时间和数量。按物流作业计划有节奏地、均衡地组织物流活动。

5.4.2 基于新一代 IT 技术的智能物流服务

日益成熟的数字化技术正在改变着供应链及智能物流的每一个环节，各环节中所有的动作与行为都将变成可控的数字形式，这使得供应链管理更加公开、透明、可视化，管理与协调工作将更加灵活、易掌控，从而最大限度地提升工作效率，并帮助企业将业务延伸到全球各地，实现真正的全球化运营。

作为一个关乎国计民生的巨型领域，供应链与物流同样将接受新技术的洗礼，进入下一个新的发展阶段。物联网、人工智能、机器人、区块链、3D 打印、可穿戴等技术也将开始在供应链领域扎根。

一、10 项关键创新技术

驱动下一代数字供应链的 10 项关键创新技术如下。

（1）机器人和自动化：通过计算机控制的机器执行一系列动作或任务，提升物流工作效率。

（2）大数据和预测分析：使用从新技术获得的大量数据来预测产品及原料的未来需求或潜在的问题，并进行改进。

（3）物联网：各类型传感器设备和系统的应用可以实现实时的物流数据传输与沟通。

（4）人工智能：通过使用 AI 来执行传统的模式化的工作或任务，释放工人的潜力。

（5）自动驾驶车辆和无人机：通过自动化设备提高物流运输效率，如在工厂内部署自动驾驶车辆，并自动计算库存。

（6）可穿戴和移动技术：工业智能眼镜、手套或服装等技术可以帮助在劳动力短缺时提高物流管理工人的生产力。

（7）库存和网络优化：建立平台，连接和优化公司通过新兴技术收集的所有物流相关数据。

（8）传感器和自动识别：像 RFID 电子标签技术可以消除供应链各环节质量保证流程中的手动操作，并增加 SKU 级别的可视化。

（9）云计算和云存储：云计算和云存储可帮助企业将管理新兴技术所需的数据收集和存储成本外包。

（10）区块链：分布式账本可以记录交易并确保供应链管理的完整性。

二、新一代 IT 技术对智能物流的驱动

随着智能制造的推进，机器换人，无人工厂成为现实，工业机器人在制造业中占据越来越重要的地位。物流在智能制造生产过程起到非常重要的作用，下面介绍一下智能制造生产线的智能仓储物流。

在智能制造中，智能仓储物流解决了库存的柔性反应、快速交付及响应，快速解决库存问题，而更重要的是降低了生产成本，使生产性投资性价比更高，最为关键的是仓储用地的利用率大大提高。智能仓储物流实现物流与生产的高效对接，使工厂内部的原材料、半成品、成品及零部件等得存储和输送更加智能、高效。

智能物流仓储系统不是简单的设备组合，而是以系统思维的方式对设备功能的充分应用，实现软硬件接口的无缝和快捷，这是一个全局优化的复杂过程。通过运用系统集成的方法，使各种物料最合理、经济、有效地流动，实现物流的信息化、自动化、智能化、快捷化和合理化。使货物的存储形态从静态存储过渡为动态存储，使货物在仓库内按需要自动存取，使仓库转变为企业生产物流中的一个重要环节；通过短时储存，使外购件和自制生产件在指定的时间自动输出到下一道工序生产，进而形成一个智能化的物流作业流程。

个性化的智能物流系统，可根据行业特性和实际需求，为客户定制最佳整体解决方案，帮助制造业减少不必要的物流、仓储环节，节约生产制造成本，降低智能制造的仓储物流成本。智能物流系统可广泛应用于在电子制造、汽车、五金、制药、机械、电子、纺织、造纸、卷烟等领域，得到行业充分认可。

三、新技术的应用现状与未来预期

调查表明，新一代 IT 创新技术将在重塑未来供应链及物流方面扮演非常重要的作用。此外，近 80%的受访者认为新一代数字化供应链将在未来五年内成为主流模式。同时，受访者认为，很多创新技术有可能破坏供应链现状，并为使用它们的公司创造持久的竞争优势。

目前，云计算与云存储、传感器与自动识别、存货与网络优化三项技术在企业中有着最高的采用率，在未来五年，也将成为普及程度最高的技术。同时，在未来五年，物联网、预测分析、机器人与自动化也有较高的预期采用率。

特别值得关注的是，虽然自动驾驶与无人机、区块链、人工智能三大技术在目前的采用率最低，但是企业应用的增速会超过其他技术领域，这在一定程度上体现了指数级技术在进入实体领域时的快速突破。

可见，对于目前哪怕还处在早期阶段的技术，提前的研究与布局对于大型企业来说是非常重要的。

5.5 智能制造下的管理会计服务

5.5.1 智能制造对会计的影响及其改革

智能制造要求更新传统管理会计观念，创新管理会计发展模式，建立智能化与信息化的管理会计方式，建立精细化的财务会计管理方式，建立共享以及云计算的管理手段，从管理会计角度积极促进我国制造业的发展。

一、中国制造 2025 对管理会计的影响

1. 在成本管理方面需要进行成本控制

企业管理会计人员应该着重在控制成本。以前的管理会计，主要注重的是预算和财务分析报告，但是现在管理会计应该去进行成本管理与控制，因为我国的制造业还处于粗放的加工阶段，没有考虑更多的科研创新因素。而一个企业的良好的经营主要看盈利能力，那成本的控制就显得尤为重要了。所以为了

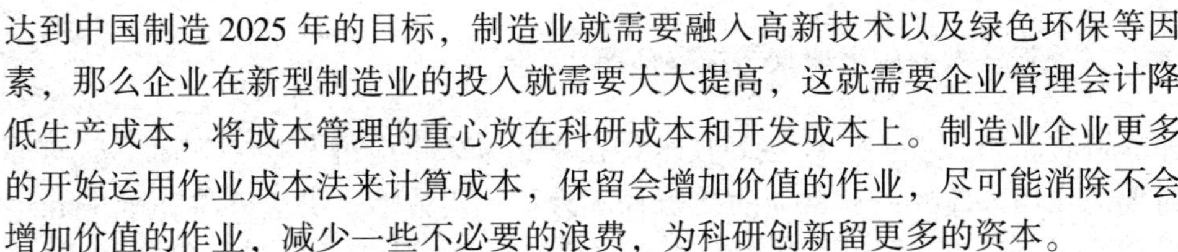

达到中国制造2025年的目标，制造业就需要融入高新技术以及绿色环保等因素，那么企业在新型制造业的投入就需要大大提高，这就需要企业管理会计降低生产成本，将成本管理的重心放在科研成本和开发成本上。制造业企业更多的开始运用作业成本法来计算成本，保留会增加价值的作业，尽可能消除不会增加价值的作业，减少一些不必要的浪费，为科研创新留更多的资本。

2. 在工作内容方面需要向绿色制造转型

制造业企业应该顺应时代的变化，应该朝着绿色环保的方向转变。工业作为制造业的大梁，环境以及资源的压力越来越大，中国制造2025旨在向绿色制造转型。绿色制造会加大企业的成本，但这些成本在销售时都得不到补偿，为的是节能降耗，保护环境，更多的承担了社会责任。一般的制造业企业会追求短期的经济效益，而会忽视企业长期发展。中国制造2025推行绿色制造，这就要求管理会计工作的内容要向高价值、可持续和智能化改变。这就需要企业管理会计人员要认同并且了解绿色制造的理念，并且更多地考虑可持续与经济资源和环境的关系。

3. 在会计理念方面有新的市场理念

时代的不断变化，技术也在不断的成熟，信息传播能力也越来越强，生产技术的提高会加快产品的生产速度，减少了生产周期。而人们随着生活水平的提高对产品的需求也发生了变化，追求多品种，数量少，质量高的产品。所以，企业应该根据这一现象建立新的市场理念，一成不变只会不断落后，最后走向失败。应该将现代信息技术与管理会计相结合，打破传统的管理方法，及时了解市场动态，增强企业在市场上的竞争力。

二、管理会计与智能制造

中国经济新常态下，创新驱动经济转型和制造业智能化升级十分关键。2016年12月，工业和信息化部、财政部联合印发《智能制造发展规划（2016—2020年）》，明确了“十三五”期间我国智能制造发展的指导思想、目标和重点任务。智能制造工程确定了两个目标，即到2020年，要使制造业重点领域智能化水平显著提升，试点示范项目运营成本降低25%；而到2025年，则要使制造业重点领域全面实现智能化，试点示范项目运营成本降低50%。实现项目运营成本降低，需要应用全面预算、成本管理、本量利分析、绩效评价等管理会计工具，做出科学的判断和决策，这包括但不限于以下方面：

第一是经济预测（资源的可得性、经济性、相对持久性，销售的细分市场、消费偏好、替代性、销量结构等）。

第二是本量利盈亏平衡点分析（判断是否产有所值、利有所得）。

第三是智能化及研发设计路线（是否符合极简主义和经济原则，是否符合以需定产的定制化、订单式生产要求，是否具有竞争优势，是否确保功能、质量和成本最优化匹配）。

第四是生产运营管理（生产工艺、管理流程、物流营销等环节的智能化、集成化与成本最低化平衡）。

第五是终端使用环节（消费、投诉及回收处理相关成本，以及对环境资源的影响问题）。实现行业成本降低，需要应用管理会计，以及互联网在制造领域的应用，实现全要素、全产业链的“大信息”自动化集成，减少人为操纵和信息孤岛，降低数据生产和交易成本。从土地、矿山、油田等生产起点，到机器大生产，再到产业链、产销链大整合，所有物流、资金流、信息流都通过云平台管理，最终实现数据全生命周期的共享。从理论上讲，这也能使资源配置、经济核算、收入分配、数据统计、税金计征、财政预算等自动完成，实时支撑决策、服务管理，大部分数据无须呈报，按需自取，形成数据生态。

三、中国制造 2025 下的管理会计改革

随着中国制造 2025 的提出，对我国很多制造业企业以及相关的企业产生了重要的影响，要求企业积极加强管理会计改革，更新管理会计观念，创新管理会计发展模式，建立智能化与信息化的管理会计方式，建立精细化的财务会计管理方式。

1. 更新管理会计观念

在目前管理会计开展过程中要求积极迎合中国制造 2025 的要求，及时更新管理会计观念，建立市场化的管理理念，把握互联网时代的发展规律，建立“互联网+”的发展观念，积极把握市场发展动向，能够有效分析价值链中的关键环节，从而对企业的生产经营活动进行有效优化。同时建立整体的市场发展理念。“一带一路”发展政策的实行充分显示了国家的对外开放经济发展政策，企业应当对此积极迎合，在企业发展过程中建立整体的发展理念，以企业整体的形式积极参与到市场竞争之中，强强联合。建立新的企业价值观念，创新企业文化，加强文化建设的软处理。充分利用信息技术对管理会计建立动态化的管理理念，充分考虑企业发展过程中的内部条件与外部发展条件。

2. 创新管理会计发展模式

在中国制造 2025 的发展指导中，要求提升我国制造业的创新能力，为此间接上要求加强管理会计发展模式的创新。首先加强成本管理，随着市场竞争环境的逐渐加强要求企业积极加强成本管理，将企业成本控制在一定限度之

内。将传统成本管理方式中的单纯成本控制转移到成本开发以及成本研究层面上来，并结合企业的发展情况制定有效的成本计划。传统成本计算方式中是以产品为中心进行计算，在新的成本管理理念下应当积极建立以“作业”为中心的成本管理方式，充分加强企业的战略管理，进行有效的过程控制，这是目前企业经济发展过程中的重要成本管理理念，避免了不增加价值作业的成本核算。其次是更新企业决策与管理理念，要求在企业管理决策过程中既要充分考虑到成本、现金与利润等因素，同时也充分注重一些难以计量的标准体系，加强企业技术研发以及未来人力资源的积累。

3. 建立智能化与信息化的管理会计方式

在中国制造 2025 的指导之下，要求管理会计积极建立智能化与信息化的管理方式，加强应用层中财务会计与管理会计之间的有效衔接。充分利用目前大数据背景下的多项信息技术方式，促进管理会计数据的标准化处理与建立。目前企业财务会计建立过程中信息化与工业化进行了深度融合，对企业的管理会计提出了重要的指导方向。大数据使用过程中充分建立了共享以及云计算的管理手段，有效实现了点到点以及断点式信息的融合，建立了基于多种信息的大财务平台，对企业经济行为中的财务清单、投入过程以及成品入库等多种方式都实现了有效录入。

4. 建立精细化的财务会计管理方式

精细化管理理念在很多领域中都有着较为广泛地运用，在企业管理会计中也要求逐渐建立了精细化的管理理念，充分整合企业发展过程中的各项内外部经济资源，加强企业财务数据的基础性管理与标准化管理，在企业中建立大数据库，充分运用各种分析模型进行大数据分析，使得企业组织中的各级管理人员都能够充分及时地掌握企业经营过程中的各项财务数据，并在对数据进行有效分析的基础之上做出高效而灵活的智能决策。对企业的各项生产过程进行有效指挥调度，监测企业的库存情况。

5.5.2 智能制造下的会计信息化与智能化服务

“中国制造 2025”行动纲领和我国制造业的现状，为我国制造业指明了发展方向，只有通过转型，实现中国智造，不断提升创造力和活力才能提升企业的核心竞争力。对于会计来说，要不断深入应用管理会计信息化，并最终实现智能化，帮助推动产业转型。

一、会计信息化措施

（1）提升制造业管理会计数据供应水平

制造业的管理会计数据供应水平直接决定了管理会计在制造业中的应用水平，因此，提升其水平具有决定性的意义，主要从对数据供应的范围进行界定、保证数据时效性和准确性三个方面进行提升。企业通过不断梳理管理会计信息化流程，并及时简化，加大数据采集的效率和质量，实现数据的共享和传递，完善管理会计信息功能，从而提升数据供应水平，为企业的发展提供决策。

（2）不断改善管理会计信息生成能力

改善管理会计信息生成能力，就需要企业转变目标定位，不再以成本为中心，做到以提升制造业综合实力和核心竞争力为中心的目标上来。“中国制造2025”行动纲领要求企业不断改善其质量和创新力，在转变目标定位的同时，管理会计也不能局限于成本形态、经营、预测的简单分析，而是要实现全面预算管理、成本结构优化、战略发展分析、产品价值分析、外部企业风险分析、在市场中的竞争能力分析等诸多方面的动态分析，不断提升自己的核心竞争力。因此，通过改善管理会计信息生成能力，可以有效改善管理会计信息水平，在深度和广度上进行分析，可以提升企业竞争力和创造力。

（3）为制造业配套管理会计信息软件

制造业管理会计信息软件能帮助决策者在庞大的数据里找到有价值的信息，帮助做出发展决策，实现降低成本的同时促进企业发展。因此，制造业要广泛使用管理会计信息软件，推广使用国际国内相对通用性管理信息软件，如SPSS等，并且要借助互联网的优势，实现管理会计信息的国际化、系统化、开放化，通过这一软件信息平台实现全面预算管理、预测决策分析、成本控制管控、财务数据共享、风险预测分析等，并不断引入大数据处理技术，深度挖掘所采集的数据价值，提升决策精准度，也不再依靠单一的技术和手段分析处理数据，从而实现提升管理会计信息处理能力。

（4）不断培养制造业管理会计信息人才

制造业在招聘人才时，要寻找相关管理会计信息人才，既要有相应的文化知识储备，又要会进行相应的数据分析，并要掌握现代化信息化技术，能够利用自身所学分析国内国际同行业的企业，为企业在做决策时提供有价值的信息。企业要对员工定期进行培训，提升人员自身的能力，注重培养管理会计信息人才的责任心和素质，让他们认识到这个工作的重要性，从而在收集处理分析数据时能够认真对待，正确分析。因此，不断培养制造业管理会计信息人才对制造业提升竞争力和创造力具有决定性的作用。

二、会计智能化发展方向

随着国家智能制造计划的推进，会计智能化已是大势所趋。同时，由于智能工厂设备互联、智能集成、数据互通的显著特征，智能工厂信息的收集、分析与加工计算、存储、传播能力急剧增强且成本大幅下降，会计工作方式将产生质的变化，实现会计信息化向会计智能化转变：

（一）会计核算过程智能化

与会计电算化不同，会计核算智能化更加强调业务信息向财务信息转化的自动化和人工智能化，在会计信息系统中进行会计信息录入的过程中首先应自动对凭证用户的业务信息进行识别和比对，自动生成相应的会计凭证，比如用户选择输入“出差”字段，信息系统自动进行识别和判断，借方科目出现“管理费用-差旅费”，贷方科目则对应出现“银行存款”或“现金”等科目，同时对于信息系统自动识别错误的信息，在会计人员进行更正后，信息系统应具备记忆功能，通过记忆学习不断提升会计核算准确性。

会计核算过程智能化将大大降低业务人员对于会计知识的掌握，可以轻松地将业务语言转化成会计语言，提升会计核算工作效率。目前，核算过程智能化（网报系统）在当下会计软件的应用中根据用户需求，可以定制开发，并已基本实现，尚属于会计智能化初级阶段。

（二）会计业务分析智能化

对业务进行分门别类是业务分析的前提，只有基于业务分析的统筹规划，才能更有效地服务于业务分析智能化。会计业务中，除标准的会计科目体系外，企业还会根据管理需求设置更精细的会计明细科目，并辅助会计科目进行核算，增设了“项目号”“预算号”“合同号”等辅组分类，就是为了满足辅助核算、管理以及业务分析的需要。在设备互联、智能集成、数据互通的智能工厂，这些财务数据能够为管理和经营人员提供管理数据支撑。企业管理者根据管理需要授权给使用者业务重组的权限，通过对生产经营基础数据分类排列组合，使得使用者可以根据需要随时随地调整业务流程，将各类经营数据显性化。

对于智能工厂，会计业务分析智能化还重点体现在产品成本分析、管控智能化。基于智能工厂各种各样的传感器、智能装备和终端的普及和使用，成本动因作为连接作业和产品的纽带，能够更加准确地归集产品成本。成本动因分析就是找出两者之间的联系，根据不同数据的属性，将数量动因进行重新分类，对相应的非数量动因重新规划，从而对不同的产品成本运用不同的成本动因分析，并寻找降低成本的机会，达到成本控制的目的。

（三）会计决策支持智能化

人工智能的主要工作原理是“深度学习”，用到了很多新技术，比如神经网络、深度学习、蒙特卡洛树搜索法等，同时以计算机技术、经济数学方法和信息技术等技术为支撑。应该说人工智能的快速发展，为会计智能化的高阶发展提供了技术可能，也就是说伴随智能工厂的建设，会计智能化不仅停留在通过信息化手段替代简单、重复性手工劳动，而且要打破会计信息孤岛，将会计信息系统与综合办公系统、现场执行系统等信息系统综合集成作为一项庞大系统工程谋篇布局、统筹策划，并以现代管理学、信息技术学、人类行为学等学科作为理论基础，通过管理理论、业务数据及决策模型，以人机交互的模式为决策者提供决策支持。

智能工厂通过传感器、通信设施和信息化设备的使用，人机物料法环等企业各类资源之间能够互联互通，所有这些互联互通产生的经营数据通过人工智能化，即将人类的知识经验、学习思维能力、决策逻辑、直觉判断等能力转化成计算机语言，利用信息化手段来进行模拟决策，最终为生产经营服务。

目前，我国的会计软件智能化研究和实践工作因理念的落后和技术的不成熟导致会计智能化工作停留在核算智能化和业务分析智能化，在决策支持智能化方面的研究和应用还很少，需要具有会计、信息技术、生产管理等专业知识的复合型人才的研究和推广。总体来说，在中国制造 2025 环境下，结合智能工厂建设的推进，人工智能化在会计领域方面的应用还有巨大的发展前景，还需要广大从业人员解放思想、创新思路，不断开拓。

5.6 智能制造下的工业设计服务

5.6.1 虚拟现实与增强现实技术

虚拟现实是以某种方式用模拟来取代人类的世界观，在今天的世界中，VR 在各行各业都得到应用。他们可以通过镜头来观看到虚拟世界。用最简单的说法来说，就是可以看到虚拟的屏幕，这个屏幕具有立体效果，耳机也会跟随自己的环境播放出对应的音效。还有其他的一些控制器，都通过软件进行交互。VR 旨在让用户完全沉浸在另外一个世界中。

增强现实是一种基于计算机的系统，它将数据叠加到用户的视线中，同时让用户还能够看到现实的世界。增强现实更有可能在日常生活中得到广泛应用，在地铁以及工作当中，使用 AR 会更加合理，谷歌眼镜就是基于 AR 来制作的，还有飞行员的飞行头盔，人们可以看到相应的虚拟数据，但是也不影响对目前外界的世界进行感知。比如一个 GPS 应用程序，当你走路的时候，有一个 AR 导游给你提供线路，使得你可以正确的行走在大街上。

增强现实的设备会以某种方式，将数据、3D 物品和视频叠加到用户的视觉当中，他们不需要带庞大的头盔就可以查看到对应的提示或者数据，在人们看来，这些数据悬浮在眼前，这也就是增强现实的强大之处，通过额外的数据支持来对用户的现实生活有所增强。

混合现实是一种特殊的增强现实，其技术和应用介于 AR 和 VR 之间，混合现实通过虚拟对象增强现实世界，虚拟对象的目的就是将它们真正放置在该世界中。根据现实世界的物体来锁定它们的位置，比如将虚拟的宠物猫放置在现实世界的桌子上，并且如果有用户来回走动时，这种虚拟猫也会做出对应的反应。

虚拟现实用虚拟世界来取代用户的世界，而增强现实可以为人类的现实生活提供额外的数字支持，混合现实将数字对象无缝集成到用户的现实世界当中，让人们感觉看上去就像真实存在一样。

5.6.2 基于虚拟现实技术的工业设计服务

在计算机技术模拟的三维立体空间之中，用户可以强烈地感受到视觉、听觉、触觉的模拟，在将虚拟现实技术应用于工业设计领域时，突显出虚拟现实技术不可比拟的应用优势和性能，它可以无障碍、无阻滞地实现对三维立体空间的事物的观察和操作，生动地模拟出实际的工业生产场景，可以良好的应用于制造、装配、安全监测、建筑、室内设计等领域，具有极其重要的现实功能和意义。

一、虚拟现实技术的工业设计综述

虚拟现实技术以计算机网络技术、现代信息技术为依托，实现虚拟现实技术与现代先进制造技术的整合，是一种基于高度逼真的模拟化人机界面技术，

可以达到基于自然技能和真实体验的人机交互系统。虚拟现实技术的工业设计具有其特殊的性能和特征，具体表现为：

（1）网络化。在网络技术为支撑的、并行式的设计结构系统之中，实现了对设计、工程分析、生产制造三者的统一和集成。它可以快速地响应市场需求，在虚拟的制造环境中生成数字样机，并对其进行预测和评估。

（2）交互性。在虚拟现实技术的工业设计之中，建构三维立体的虚拟数字模型，给人以真实的体验，在身临其境的感觉中对其加以修改和操作，较好地实现了人机的交互。

（3）高效性。在虚拟现实技术的工业设计之中，可以较好地减少对设计的修改，节约了设计成本，也提升了设计精度，由此可见，虚拟现实技术的工业设计可以极大地提升资金使用效能。

虚拟现实技术对于工业设计的影响是多方面的，我们可以从不同的角度看待虚拟现实技术在工业设计中的应用优势：

（1）变革了工业设计理念。在虚拟现实技术应用于工业设计领域时，工业设计师不仅参与工业的设计阶段，还渗透到企业的生产和销售阶段，需要全程对自己的设计负责，这种理念的转变是前所未有的，虚拟现实技术在工业设计中的应用不仅体现于工业产品的外形设计，还体现于工程设计，这就需要设计师立于更高的、更为全面的角度，生成优良的新产品设计，并使之涵括除了工业设计专业之外更为广泛的领域，更好地实现与其他经营、销售等团队的精诚合作和交流。

（2）创新了工业设计方法。传统的二维式的平面图设计方法已经被替代，在虚拟现实技术的应用之下，可以使工业设计方法更为立体化和三维化，可以使人们体验和感受到不同视角的立体效果图，在用户任意旋转、放大、收缩的模型修改过程中，充分体现工业设计方法的多维化转变。

二、虚拟现实技术的分类及应用领域

（一）虚拟现实技术的分类

虚拟现实技术又被称为“虚拟生产”“虚拟贸易”“虚拟网络”，它基于“人是信息环境的主体”的理念和意识，强调人在虚拟现实系统中的主导作用，它的分类，具体包括以下几种。

（1）分布式虚拟现实技术。不同的用户基于计算机网络实现链接，共同参与和体验虚拟经历，这些不同的用户可以对同一个虚拟世界进行互动、操作和交流，以更好地实现网络协同，达到共同体验的工作目标。

（2）增强现实性的虚拟现实技术。它是实现对真实世界的模拟和高度仿真，可以极为有效地增强用户在真实场景下所无法感知或不便于感知的体验，如：战斗机飞行员的平视显示器，可以更好地引领飞行员将武器瞄准数据投射到穿透式的屏幕之上，获悉敌机的导航偏差。

（3）沉浸式的虚拟现实技术。运用特定的设备隔离用户的视觉和听觉，使用户可以全身心地投入和沉浸于系统之中，利用位置跟踪器、数据手套、手控设备等，实现沉浸式的虚拟现实技术的体验。

（4）桌面虚拟现实技术。运用个人计算机和低端工作站，实现对现实世界的高度仿真和模拟，并以计算机屏幕为观察窗口，借助于各种输入设备，全方位、多角度地实现与虚拟仿真世界的交互、操作和修改，在这个系统之中，个体没有与外界相隔离，会受到外界的干扰和影响，因而缺乏真切的现实体验和感受。

（二）虚拟现实技术的应用领域

（1）虚拟设计。虚拟现实技术可以应用于虚拟设计领域，如：虚拟现实汽车设计。

（2）教育和娱乐领域。虚拟现实技术可以使用户体验到真切的感官刺激，在三维立体的逼真视景之中，实现用户自主的、个性化的体验。

（3）安全训练。在一些高难度和危险的情境之下，可以运用虚拟现实技术进行训练。如：应用于医疗手术训练的虚拟现实技术系统。

（4）先进制造领域。在工业设计中的先进制造领域，可以运用虚拟现实技术，完善产品的设计，优化产品的性能，更好地提升设计效能。

（5）建筑与艺术设计领域。在工业建筑及艺术设计领域之中，可以运用虚拟现实技术，将抽象思维转化为实体场景，极为有效地增强用户的真实体验。

三、虚拟现实技术在不同工业设计中的应用实践分析

（一）虚拟现实技术在灌装制造生产线的应用

1. 虚拟灌装生产制造线的框架设计

在将虚拟现实技术应用于制造生产线的架构之中，可以将虚拟生产线建构为以下几大模块内容。

（1）仿真管理模块。实现虚拟现实接口的指令数据接收与传递，更好地实现对虚拟环境的协调与维护。

（2）工艺布局模块。设计人员基于生产制造线的约束性条件和前提，实现虚拟环境中的布局整体设计。

（3）设备模型库模块。在这个模块之中，可以充分体现出虚拟设备的控制属性和几何属性，使用户沉浸于虚拟场景和立体模型之中，实现对物理制造生产线的观察和评价。

（4）任务管理模块。通过虚拟制造生产线的任务调度，实现对工件的传送、加工、测量、运输、灌装等操作。

（5）分析引擎模块。测定设备及工件的运行状态，并实施虚拟生产线上的系统故障检测。

（6）报价模块。这是对虚拟制造生产线的设计的价格评估。

（7）虚拟现实接口。借助于虚拟外部设备，可以实现虚拟仿真，建构人与虚拟系统的接口。

2. 虚拟灌装生产制造线的可视化设计

依照整体的生产能力和要求，在虚拟制造生产线的可视化设计中，要使输送系统具有充分的存储量和缓冲时间，能够集成工艺流程和调度过程。同时，还要利用对象的继承和封装机制，生成虚拟的制造生产线环境，在三维的模型之下可以极其逼真地反映出制造生产线中的设备及工件。

（二）虚拟现实技术在航空智能制造中的应用

虚拟现实技术与航空智能制造相融合，充分展示出虚拟现实技术的“智能之窗”的地位和功效，基于我国航空制造的实际需求，可以将虚拟现实技术应用于航空制造中的工艺设计、车间执行、管理等方面，具有极其重要的现实意义。航空飞机制造的核心是工艺设计，在这个“看不见的手”之中，可以实现制造工艺的标准化、可控化、可拓展应用。具体应用项目和内容包括有：

（1）沉浸式工艺审核。在航空飞机的制造虚拟现实技术应用之中，首先即要实施对航空飞机装配工艺的审核，以飞机设计图样、数据模型、文件等为审核内容，协调各方面的意见和建议，全面做好工艺设计的审核和评定，工艺设计人员可以完全沉浸于虚拟、高度仿真的环境之中，不受任何干扰和影响，实现与虚拟对象的交互。

（2）沉浸式工艺仿真。在虚拟现实技术的应用之下，航空飞机制造实现了“基于建模和仿真的科学设计模式”的突破，在多源信息融合的仿真虚拟环境系统之中，实现对航空制造的工艺设计仿真分析，如：航空飞机工艺数字样机模拟、空间分析与漫游、虚拟装配、交互虚拟实验等。

（三）虚拟现实技术在建筑及艺术设计中的应用

在建筑设计领域之中，虚拟现实技术极大地拓展了图形艺术设计创作方式，通过虚拟漫游技术在建筑设计中的应用，可以三维、立体地呈现城市景观、小区景观、室内设计、历史性建筑的仿真模拟，它可以使设计者从多角度、自如地审视和欣赏，极大地拓展了建筑展示空间虚拟现实的漫游技术，较好地解决了设计过程中的枯燥而繁琐的沟通性缺陷，可以利用其三维建模的虚拟现实设计和全景虚拟现实展示设计，充分展示出设计者的设计创新思维，灵活地运用于不同的建筑设计项目之中。在室内设计中采用虚拟现实技术，可以虚拟出一个建筑室内空间，直观而形象地表达和传递设计者的设计意图和设计思维，它比传统的沙盘模型具有更大的优势性能，可以实现对设计空间的全尺寸模型设计，用户可以任意在虚拟空间中漫游、修改和调整，使之更具有人性化和逼真化，极大地增强和提升了建筑室内空间的整体操控和设计水平。

（四）虚拟现实技术在汽车制造中的应用

虚拟现实技术可以应用于汽车制造系统之中，预先发现并解决汽车整体或零部件的问题，通过汽车三维立体模型的建构，可以使设计人员更好地体验汽车内部的舒适度、驾驶模拟程度、故障模拟等，提升设计指标的合理性和科学性。并且，在对汽车进行虚拟开发设计的过程中，还可以实现对汽车造型、制模、冲压、焊接、总装等流程的三维化和虚拟化，通过网络数据为支撑和依托，实现虚拟协通实时设计，并实施虚拟实验检测，预测汽车的整体安全性能和动力性能。

综上所述，虚拟现实技术以计算机技术和网络信息技术为支撑，通过立体的、三维建模方式，实现对现实世界的虚拟和高度仿真，在将这种全新的技术与工业设计相嫁接时，我们可以看到这个“智能窗口”的现实功能和意义，在网络、信息、数据等方面的集成之下，可以清晰地呈现产品的全方位细节，实现工业设计的网络化、系统化和智能化，增强工业设计的交互性和科学性，充分利用工业设计资源库，更好地缩短工业设计周期，提升工业设计的效能。

6 智能制造生产性服务人才能力模型

6.1 智能制造生产性服务人才能力分析

从劳动密集型脱胎换骨，走向智能制造，制造业的“无人化”是无法逆转的趋势。在我国，随着供给侧结构性改革的推进，制造业产业链的转型升级，对工人的素质要求也在逐步提高。机器完成简单重复的体力劳动，把工人解放出来去更新知识、提升素质。产业在转型升级，工人也要“转型”，也要“升级”，如若不然，就真的可能面临“无工可打”。

作为智能制造人才的一部分，生产性服务人才应具备宽泛的专业知识基础，精湛的技术技能，掌握新一代 IT 技术及其应用，能够快速学习、获取新知识，以及与人协调合作、处理复杂工作任务的社会能力。

6.1.1 工业软件开发人才能力需求分析

工业软件人才不但需要培养软件方面的知识，还要培养行业知识以及行业现场环境的应变能力，目前工业软件设计基于 IEC61131-3 标准的开发库进行编程，核心工作是针对个性化要求的产品对工业标准流程的一种定制，其对工业控制原理的掌握，对原创性技术开发的要求较低，更多的是要求学生对标准流程方法的熟悉。高职院校与行业研究所、先进制造企业进行深度合作，通过一段时间的训练即可让学生掌握基本的产品生产控制软件开发技术，成为合格的工业软件开发者。

工业软件还必须解决信息物理系统（CPS）无缝对接的问题，这就需要高职相关专业开设相关通信标准、通信协议课程。而工业适时以太网 EtherCAT 在保证可靠性的同时很好地解决了传统的串口通讯、总线通讯对信息的适时处理能力不强的问题，可以解决好工业现场层设备软硬件与控制层 MES 系统和管理层 ERP 数据适时的交互处理。

另外，对通信协议特别是开放性较高的协议的学习也非常必要。OPC-UA 作为工业领域开放度最高的通信协议之一，开设通信协议与通信标准课程将大大增强学生的系统集成能力。

另外，高职工业软件人才还需掌握基于工业 MES 系统与工业 SCADA 系统应用与开发能力。MES 系统与 SCADA 系统是工业现场最重要的管理信息系统，学生对系统子模块的开发应用及相关子系统的系统集成能力的训练，将使得学生能在最快的时间熟悉专家工艺系统、生产流程等工业领域必须知识，学生毕业后可以在工业现场的相关岗位进行无缝对接，对整个行业相关工厂的管理信息系统进行全面的了解也有利于学生的终身发展。

6.1.2 系统运维人才能力需求分析

一、运维人才能力新要求

根据智能制造的特点，工业信息系统运维人才应满足如下新的要求。

（一）宽泛的专业基础知识

以智能制造为引领的新一代工业革命，其工作岗位需要具有自动化、信息技术、机械专业等多学科背景知识，同时要了解如 3D 打印、物联网、信息技术等新兴技术，以及智能制造过程中整个系统的运营过程，这对技术技能复合型人才专业知识的广度提出了要求。

（二）精湛的技术技能水平

随着工业机器人、数字化制造和云平台等高新技术的深入运用，系统运维人才不仅要能够掌握智能制造设备的技术维护，还要能够熟悉智能化设备的操作、咨询、管理和服务等，与技工、设备工程师和软件工程师等其他岗位的技术人员紧密合作，以保证系统的正常运行。这就要求运维人员要懂得相关技术原理、具备相应的专业技术理论知识，以及较高的专业技术技能水平。

（三）快速学习并获取新知识的能力

科技不断发展进步，智能制造下不同的高新技术交叉运用，不断产生新的技术，且扁平化的工作组织形式使包括运维人员在内的专业技术人员必须在商业模式、生产工艺、机械技术、信息技术和人工智能中不断转换进行思考，学校传授的知识在时间和量上都有一定的局限，能够在变化的环境中寻找信息，快速学习、自我学习以获取自己所需的知识是高职技术技能型人才必须具备的职业能力。

二、DevOps 管理与技术能力

DevOps（英文 Development 和 Operations 的组合）是一组过程、方法与系统的统称，用于促进技术、运营和质量等不同部门之间的沟通、协作与整合。它的出现最早是由于 IT 行业日益清晰地认识到：为了按时交付 IT 产品和服务，原来各自为政的技术开发和运营工作必须紧密合作。

传统的 IT 组织将开发、IT 运营和质量保障等设为各自分离的部门。按照从前的工作方式，开发和部署不需要 IT 支持或者 QA 深入的、跨部门的支持，而 DevOps 却需要极其紧密的多部门协作。然而 DevOps 考虑的还不仅是软件部署，它是一套针对组织中不同部门间沟通与协作问题的流程和方法。

促使一个组织引入 DevOps 的原因包括：在工作中引入敏捷方法，业务负责人要求加快产品交付的速率，虚拟化和云计算基础设施（可能来自内部或外部供应商）日益普遍，数据中心自动化技术和配置管理工具的普及，等等。

在中国智能制造企业，DevOps 对生产团队与运维团队之间更具协作性、更高效的关系。由于团队间协作关系的改善，整个组织的效率因此得到提升，伴随频繁变化而来的生产环境的风险也能得到降低。

制造企业中的设计、生产、质量保证、生产部署、设备运维、系统运维等任何旧小团队必须打散，因为每个小团队都可能拖延生产周期并且带来不可预料的问题。这些策略能更好地整合不同的部门和运营人员，通过整合团队成员来产生效益。例如，在讨论运营解决方案或扰乱事后评估报告时应该邀请设计等业务部门人员加入。相反地，也应该邀请运营人员列席生产人员规划会议。让交叉组合的工作模式成为制度，可以让团队之间合作融洽，消除沟通不畅导致的延误或疏忽，使 DevOps 的推进更加有效。

如上所述，智能制造时代工作内容从原来简单的重复性劳动转变为处理复杂情况的任务，对岗位技能要求由单纯注重操作技能向综合的职业能力转变。技术技能人才应具备的综合职业能力要体现专业知识的宽广性、技术技能的高端性以及能力素质的创新性特点。职业能力的新内容和新要求对传统运维人才培养提出了新的挑战。

6.1.3 智能物流人才能力需求分析

物流是现代产业的重要组成部分，对其他产业的发展起着重要的支持作用，是实现产业战略转型升级的重要支撑。当前中国物流产业在发展过程中暴露出了一些问题，如先进物流技术应用的滞后以及供应链管理理念的缺失等，但最突出的问题是物流专业高技能人才培养模式落后，造成人才的数量、技能和素质不能满足新形势下企业的需求，给中国产业战略转型升级带来了不利影响。因此，加快对物流专业人才培养模式研究显得格外迫切。

在智能制造大环境下，作为智慧供应链必不可少的重要组成部分，智能物流正在成为制造业物流新的发展方向。即通过互联网和物联网整合物流资源，最终实现生产者和消费者的直连状态。《2016 年智能制造综合标准化与新模式运营项目指南》的出台，首次将“智能物流与仓储系统”作为五大核心智能制造装备之一，智能物流被赋予了更重要的使命。那么，新形势下智能制造对物流系统提出了哪些新要求？

1. 高度智能化

智能化是智能物流系统最显著的特征。与人们常说的自动化物流系统有所不同的是，智能物流系统不局限于存储、输送、分拣等单一作业环节的自动化，而是大量应用机器人、激光扫描器、RFID、MES、WMS 等智能化设备与软件，融入物联网技术、人工智能技术、计算机技术、信息技术等，实现整个物流流程的自动化与智能化，进而实现智能制造与智能物流的有效融合。

2. 全流程数字化

在智能制造的框架体系内，智能物流系统能够将制造企业内外部的全部物流流程智能地连接在一起，实现物流网络全透明的实时控制。而实现这一目标的关键在于数字化。只有做到全流程数字化，才能使物流系统具有智能化的功能。未来物流的发展方向是智能的、联通的、透明的、快速的和有效的，而所有物流活动的实现都需要全流程的数字化作支撑。在这个过程中，大数据、云计算技术的应用将发挥重要作用。

3. 信息系统互联互通

智能制造对物流信息系统也提出了更多的需求：一方面，物流信息系统要与更多的设备、更多的系统互联互通，相互融合，如 WMS 系统与 MES 系统的无缝对接，这样才能保障供应链的流畅；另一方面，物流信息系统需要更多依托互联网、CPS（信息物理系统）、人工智能、大数据等技术，实现网络全透明和实时控制，保证数据的安全性和准确性，使整个智能物流系统正常运转。

4. 网络化布局

这里所讲的网络化，主要是强调物流系统中各物流资源的无缝连接，做到从原材料开始直到产品最终交付到客户的整个过程的智能化。智能物流系统中的各种设备不再是单独孤立地运行，它们通过物联网和互联网技术智能地连接在一起，构成一个全方位的网状结构，可以快速地进行信息交换和自主决策。这样的网状结构不仅保证了整个系统的高效率和透明性，同时也最大限度地发挥每台设备的作用。

5. 满足柔性化生产需要

对于智能制造来说，还有一个极为显著的特征就是“大规模定制”，即由用户来决定生产什么、生产多少。客户需求高度个性化，产品创新周期持续缩短，生产节拍不断加快，这些是智能物流系统必须迎接的挑战。因此，智能物流系统需要保证生产制造企业的高度柔性化生产，根据市场及消费者个性化需求变化来灵活调节生产，提高效率，降低成本。

可见“中国制造 2025”对智能物流人才的要求，不但要掌握精湛的操作技能，还要具备扎实的专业知识，以及对智能网络的理解与运用，具备发现、分析和解决实际问题的能力等。由此可以推测，中国在建设先进制造业基地和产业科技创新高的过程中对物流岗位的要求会从低端的单一操作型转向高端的复合型技能型。

6.1.4 管理会计人才能力需求分析

我国提出“中国制造 2025”战略，既是内部结构调整的必然要求，也是外部环境变化的必然选择。显然，要实现制造业的转型升级，除了需要大量工程技术人才外，管理会计人才的培养也非常关键，因为后者能够通过业财融合渠道，深入挖掘企业的管理绩效潜力，为高效率整合企业经济资源提供有效的决策支持。“中国制造 2025”对于企业管理会计人才的能力要求包括信息获取能力、信息应用能力和信息加工能力。

一、管理会计信息获取能力

与其他产业相比，制造业的业务类型多种多样，不同行业间的差异较大，比如食品行业和汽车制造业在原材料、生产工艺、产品销售等方面都截然不同，这就要求管理会计人员能够适应所在行业的业务特点，具备获取不同类型企业管理会计信息的能力。然而，我国大部分制造业企业使用的会计软件大多以财务会计软件为主，能够为会计人员提供大量的财务分析数据，但管理会计信息数据严重欠缺。即使软件具备管理会计信息模块，也主要以通用信息为主，难以适应不同行业各自的业务特点，使得会计人员获取管理会计信息的能力较弱。

同时，由于管理会计信息与制造业企业的生产业务流程联系紧密，数据获取高度依赖于基层人员的详细记录和及时录入，但大部分企业基于成本考虑，数据录入往往属于兼职工作，导致数据记录不规范、时效性差等问题，使得企业即使具备较完善的管理会计信息系统，但会计人员获取管理会计信息的能力仍显不足。

二、管理会计信息加工能力

管理会计信息加工能力是指会计人员从原始数据中提取企业管理决策支持信息的能力，它与财务会计信息加工能力有较大区别。财务会计信息加工主要以企业的财务报表数据为基础，由于财务指标本身具有通用性，且存在像杜邦财务分析体系等现成的财务分析框架，其信息加工往往相对比较容易。

管理会计信息加工能力则不同，其基础数据主要来自于企业的日常经营活动，而不同制造业企业的经营活动差异巨大。例如，食品企业与汽车制造企业的成本分析所依赖的原始数据完全不同，生产制造工艺和流程差异巨大，想要获得有助于业务流程优化的有效方案，就要求会计人员深入到企业的生产一线，将企业的财务流程融入业务流程中，有效提取有利于企业制造能力提高、生产成本下降、经营效率提升的管理会计信息，从而促进我国制造业企业的跨越式发展，助推“中国制造 2025”战略目标成功实现。

三、管理会计信息应用能力

管理会计信息应用能力是指会计人员如何将获取的管理会计原始数据经过加工后应用于企业的管理实践，它首先要求会计人员明确企业需要获得什么样的信息。因此，管理会计人员洞悉行业发展方向、把握行业发展战略，是促进管理会计信息应用的必备能力前提。例如：食品行业属于传统轻工业，行业竞争非常激烈，但随着我国居民生活水平的提高，对于绿色食品的需求量和消费力都在不断提升，绿色食品成为食品行业的最新发展方向。作为食品企业的会计人员，如果从传统生产运营视角出发，往往就比较关注企业生产成本的压缩，着重搜集企业经营成本方面的管理会计数据，进而将管理会计信息应用到生产运营中，但容易忽略绿色食品才是企业应该进一步发展的领域。

因此，对于会计人员来说，仅仅关注企业生产成本是不够的，没有紧跟行业发展方向，就无法将管理会计信息应用到企业的战略调整中。但是，在激烈的市场竞争中，制造业企业最需要把握的就是如何适应并领先于行业的发展方向。

6.1.5 工业设计人才能力需求分析

在智能制造背景下，工业设计的范畴、特点与设计方法都面临着深刻的变革，我们应及时研究这种变革的实质与内涵，并相应调整人才创新职业能力培养的方法与路径。

一、工业设计范畴的变化。

智能制造背景下，产品与网络软硬件模块结合，实现了用户远程操控；产品与智能控制模块结合，实现了产品的自我学习和智能化控制；产品与云计算和物联网技术结合，实现了产品的协同价值。这些都极大地颠覆了工业产品的使用体验。同时，新技术带来的生产制造过程中实时数据的采集、报送和分析，加快了生产资源的优化配置。互联网提供的“众包平台”可以发布研发创意需求，广泛收集用户和外部人员的想法与智慧，极大地扩展了创意来源和实现途径。在此背景下，工业设计人才职业创新能力也应与时俱进，重新定义，才能使工业设计职业教育更好地服务社会需求，也更利于工业设计学科健康科学发展。

二、工业设计人才创新能力内涵的变化。

1. 工业设计人才职业创新能力的内涵发生了新变化

工业设计学科在智能制造背景下，正朝着更为复杂的学科交叉方向发展。这就要求工业设计人才具备更高的专业知识融合和整合创新能力。面对日益复杂的设计环境和设计要素，工业设计人才除了要具备工程学、材料学、美学、管理科学等传统知识储备，还要了解一定的社会学、人类学、计算机科学、生命科学、电子信息技术、传感技术、机电一体化技术等学科知识和新技术。当然，这并不是说工业设计人才要精通每一门知识和技术，而是要求他们能够把握科技发展动态、新技术的适用范围及特点，从挖掘用户需求入手，具备整合各学科知识进行综合性创新设计的能力。其中，还要求人才具有调动全网络资源进行优化配置、利用大数据和云计算进行设计和需求挖掘分析、利用网络进行协同创新设计的能力等。

2. 工业设计人才职业创新能力培养应注意创新意识培养

任何知识的学习和掌握都是有限的，要想真正具备良好的创新能力，最根本的是要具备创新意识和思维。培养工业设计人才的职业创新能力应该注意从以下四个方面培养他们的创新意识：

一是观念创新，树立以用户为中心、基于产品开发全生命周期的设计观念。

二是技术创新，树立整合新技术进行创新的观念，特别是要掌握大数据、云计算、物联网、机电一体化等新兴技术。

三是文化创新，既要注意传统与现代的融合、民族文化和地域文化的继承和发展，更要注意文化在新条件下的整合创新。

四是战略创新，要能及时把握新技术带来新的商业模式的可能性，充分利用技术和知识从战略的高度进行品牌和产品规划、市场营销战略规划等。

6.2 能力模型建模方法

6.2.1 能力素质模型解读

能力素质模型（Competency Model）被定义为担任某一特定的任务角色，所需要具备的能力素质的总和。该模型的作者麦可利兰把能力素质划分为五个层次：

①知识（Knowledge）；

②技能（Skill）；

③自我概念（Self-Concept）：态度、价值观和自我形象等；

④特质（Traits）；

⑤动机（Motives）。

麦可利兰认为，不同层次的能力素质在个体身上的表现形式不同。我们可以把人的能力素质形象地描述为漂浮在海面上的冰山，又成为冰山理论。知识和技能属于海平面以上的浅层次的部分，而自我概念、特质、动机属于潜伏在海平面以下的深层次的部分，而研究表明，真正能够把优秀人员与一般人员区分开的是深层次的部分。通常我们从能力素质的适用范围，将其分为核心能力素质（Core Competency）和专业能力素质（Specific Competency）。核心能力素质是针对组织中所有员工的、基础且重要的要求，它适用于组织中所有的员工，无论其所在何种部门或是承担何种岗位。专业能力素质是依据员工所在的岗位群，或是部门类别有所不同，它是为完成某类部门职责或是岗位职责，员工应具有的综合素质。

能力素质模型是整个人力资源管理框架中的关键环节，它将企业战略与整个人力资源管理业务紧密连接，避免脱节。能力素质模型作为人力资源管理的一种有效的工具，广泛应用于人力资源管理的各个模块中，如员工招聘、员工培训、员工发展、绩效评估等。

能力素质模型的建立有“核心能力推导、参考最佳实践标准、行为事件访谈（Behavioural Event Interview，下文简称 BEI 访谈）与信息编码”等建模方法，常用的是通过“划分职位序列、确定建模对象，核心能力推导，系统架构，能力成熟度分级和模型修正与验证”五个步骤（见图 6-1）来进行模型的设计工作。

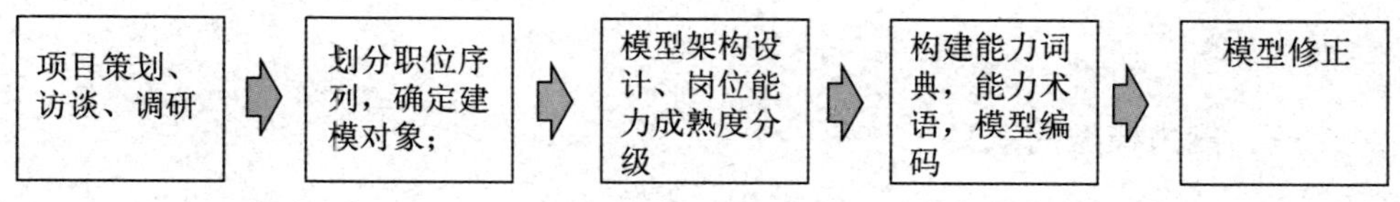

图 6-1　能力模型五步建模法

能力素质模型建立中一般采用的方法有行为事件访谈技术（BEI）、问卷调查及专家小组讨论等。

行为事件访谈法是指选取某一工作领域内的两类人，一组为优秀者，一组为一般者，由经过专业培训的访谈人主持，让被访者详细地介绍几个自己成功和失败的工作经历，并引导他们谈出经历中具体的言行、想法、感受、具体的处理方法等细节问题，并对访谈内容进行详细书面记录及录音。访谈过后，对访谈记录进行梳理，找出可供能力素质分析的部分，并对材料进行编码、归类和命名。然后统计各项素质在材料中出现的频率，将出现频率较高的几种素质进行分级，并对每个级别提供一定的行为说明。最后，进行总结，总结出在优秀者身上表现较多，在一般者身上表现较少的素质，从而构建起能力素质模型。

能力素质模型详细规定了公司所需要的知识、技能、职业素养。通过这三个层次的指引，可以正确引导员工达到公司所需要的工作目标。

能力素质词典是对模型的详细阐述。知识、技能、职业素养三者之间具有严密的内在逻辑关系。首先，知识是人才发挥作用的基础要求，没有良好的知识底蕴，专业化的程度会大大降低，这就是我们在工作中经常看见的有些人满腔热情，但是缺少方法，最后的工作成效并不理想。技能是在知识的基础上，综合运用知识的能力，如果没有对知识的综合运用能力——技能，知识就不能够发挥作用，这也就是我们经常看见的高学历、低能力的现象。拥有了一定的知识、技能之后，员工还必须具备一定的职业素养，所谓的职业素养简单地说就是对待职业的态度。虽然有了良好的知识基础、技能，但并不一定就能符合公司战略目标发展的要求。通常，当员工职业素养与公司所要求的职业素养不一致时，其在工作中也将难于达到工作目标，甚至会带来更大的负面效果。这就是说，良好的知识、技能与经验，必须得通过符合公司要求的职业素养发挥出来。

不同职类职种的岗位以及公司在不同的发展阶段对岗位能力素质的要求和侧重点都有所不同。

6.2.2 能力素质模型需求调研

一、能力模型的意义

苏州工业园区服务外包职业学院（下文简称外包学院）作为服务外包全国第一校，在智能制造下服务外包有哪些领域？对应领域的人才能力要求是什么？智能制造下的人才与传统的人才的区别是什么？对应实际的教学，针对智能智造的服务外包可以开发哪些专业方向？各自专业到底开设哪些课程？这些课程到底应该讲授哪些知识点？怎么开展这类领域人才培养的教学与实训？如何验证我们的“产品”——学生是否已经具备了相应企业的岗位就业条件了？

为了解决上述问题，我们对智能制造生产性服务人才能力模型（Intelligent Mechanism Productive Service Talents Capability Model，PSCM）进行了研究。该能力模型借鉴了人力资源管理领域的人员能力素质模型（Competency Model，CM）以及信息技术领域的能力成熟度模型集成（Capability Maturity Model Integration，CMMI）的模型架构设计方法。期望通过与智能制造产业的紧密合作，参考企业关于目标岗位的能力模型的最佳实践标准，构建了一个智能制造生产性服务人才岗位能力要求与学习知识空间的映射关系，为高等院校智能制造类专业的课程设置、就业准入鉴定，乃至智能制造企业的人员招聘、培训与晋升等提供了参考与指南。

二、生产性服务人才能力需求调研

整个能力模型的建立是按照能力胜任模型和基于工作过程的课程设计方法来执行的。第一步我们就是要通过调研得到运维岗位对应的典型工作过程和典型工作任务。为了得到典型工作任务，以运维工程师为例，我们设计了如下的问卷表格。

调研问卷分别针对主管与普通运维工程师，下面是针对运维主管的部分问题。

1. 本职位所需教育程度
2. 本职位所需外语语种，外语程度要求
3. 本职位所需其专业的工作经验
4. 与其他职业或部门有哪些合作及界限？
5. 该任务与哪些工作过程有联系？
6. 要注意哪些法律法规及质量标准？
7. 与其他典型工作任务有哪些联系？
8. 本岗位有培训的可能性吗？
9. 预计近三年对运维/工业软件开发/物流/会计/工业设计工程师的需求数量有多少？
10. 上述岗位的工作职责是什么？
11. 日常工作都包括哪些内容？
12. 这些岗位所需的岗位能力、素养与专业知识要求有哪些？
13. 贵司建议的实习方式什么？

下面是针对运维工程师的问题调查。

1. 本职位应用哪种设备和工具，如何使用这些工具？
2. 本工作所需的行政专业能力
3. 本工作的责任
4. 本工作职能对公司的影响范围
5. 本工作所需的人际关系能力
6. 所需资料处理能力
7. 所需领导力
8. 所需计划力
9. 所需创新力
10. 列出您的主要工作责任至少 8~10 条（请按照主次顺序说明），及每项责任的重要程度（%）和所用时间（%）。

11. 工作任务的内容是什么?

12. 如何完成工作任务（查找故障、质量保证、加工、装配)?

13. 您的服务对象或客户是谁?工作中需要和哪些部门、哪些人合作?频率怎样?

14. 您的工作还需要哪些特长?需要什么资质证书?

15. 您的工作有哪些决策责任（说明您要做哪些决定，及决定会产生哪些影响)?

16. 您还有其他需要表达的吗?

通过大量的有针对性的问卷调查，我们发现智能制造生产性服务人才（运维/工业软件开发/物流/会计/工业设计）所需具备的岗位能力包括职业素养、外语能力、专业技能和行业与管理能力等四大领域。职业素养是最基本的；所需的专业知识除了对应传统岗位所需的能力外，还包括新一代的 IT 技术知识、机械电子和信息安全等跨专业的综合知识；所需的行业与管理能力包括制造所在的行业知识、操作规范的国际标准等。企业都接受学生在企业的直接顶岗实习，建议学生在真实的生产环境中进行知识的应用实践，这样才能培养出真正的可用人才。

6.2.3 能力素质模型的设计

PSCM 模型综合运用了能力素质模型的“核心能力推导、参考最佳实践标准、行为事件访谈（Behavioural Event Interview，BEI 访谈）与信息编码”等建模方法，分“划分职位序列、确定建模对象，核心能力推导，系统架构和模型修正与验证”四个步骤来进行模型的设计工作。

第一步，划分职位序列，确定建模对象

按照 CM 模型分层分类的原则首先需要对职位进行划分，第一层级是职位序列，这是关于岗位划分的大类，这个层级的划分相对是比较粗的，再往下是职种，一个职位序列可能由若干个职种构成。一般的，划分的越是细，相对稳定性的基础就越弱，技术和行业的针对性就越强，还可以结合行业领域划分为不同的岗位。

以运维工程师为例，我们建模的对象是运维及运维人员的能力，其他的对象和人员不予考虑。而在多数制造企业中，运维部门可以分为 IT 运维、生产或业务运维两大部门，岗位可以分为 IT 运维工程师、业务运维工程师和设备运维工程师等几大类。本研究站在最新的 DevOps 的理念角度，并不想按照传统的方法分别对这些岗位进行建模，而且现在已经有越来越多的企业正在尝试按照 DevOps 的理念把这些原来不同部门的岗位统一起来，所以本研究就是要建立一个统一这几个不同岗位的运维工程师能力模型。

第二步，核心能力推导

从能力内容的角度，能力素质模型把职业能力划分为专业能力、方法能力和社会能力。专业能力是在专业知识和技能的基础上，有目的、符合专业要求的、按照一定方法独立完成任务、解决问题和评价结果的能力，如专业技术能力、问题解决能力、运维的技能和知识。方法能力特指独立学习、获取新知识的能力，如决策能力、自学能力，类似于我们所说的职业生涯规划能力和学习能力。社会能力是处理社会关系、理解奉献与矛盾、与他人责任最佳相处和社会责任心等。

在对多家智能制造和两化融合国家级示范企业及其目标岗位任职者调研的基础上，我们结合岗位职责推导法，即通过分析目标岗位任职者为了履行自己的岗位职责，来推导这个岗位必须掌握哪些关键工作过程与工作任务，再通过对这些工作过程和工作任务的分析，推导出目标岗位的核心能力体系，这是能力建模的关键一步。

通过上面的步骤，我们推导及总结不同智能制造企业对各个目标岗位的能力需求。根据能力素质模型的理论，这些能力知识可以从广度、深度和粒度几个方面来分析和整理。参考能力素质模型对岗位能力知识的划分，从知识的广度考虑，智能制造服务人才需要具备以下四大类核心能力知识（我们在 PSCM 模型中把它们定义为知识域），如图 6-2 所示。

（1）职业素养能力：总体上可分为社会意识、自我概念、特质和动机四大类，简化后分为个人品质、工作态度和工作要求等。

（2）外语能力：要求具备与工作相关的综合英语沟通能力，能够读懂工作相关的专业文档等能力。

（3）行业与管理能力：熟悉主要制造行业的业务知识，熟悉国际运维流程与体系规范，熟悉信息安全管理体系等。

（4）专业能力：该知识域是所有四个知识域中特有的，对应智能制造服务人才各自岗位所需要的专业知识和专业能力。比如对于运维工程师而言，专业能力包括掌握自动化系统、信息化系统和智能系统与设备的运维能力，安全运维能力，以及基础设施运维能力等。

第三步，模型系统架构

在模型的系统架构方面，PSCM 模型借鉴了在业界已经应用成熟的 CM 模型和 CMMI 模型，如此节约了不少的调查和验证工作，并且可以避免一些显而易见的错误。

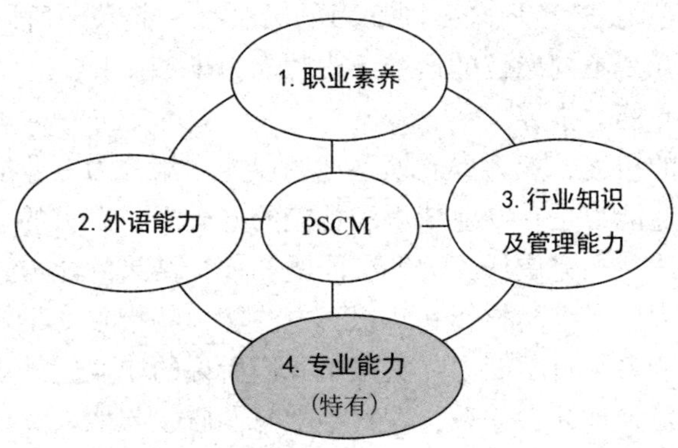

图 6-2　智能制造生产性服务人才能力域

（1）系统架构

PSCM 参考 CMMI 模型的系统架构，对岗位能力模型的四个“知识域”进行了进一步的分解。每个知识域包含若干“工作过程”及基础知识，每个“工作过程”及基础知识又包含若干个更细一层的“工作任务”及知识点（参见图 6-3）。若这组“工作任务”都能实现，则说明被试者掌握了该“工作过程”的能力。若掌握了某个“知识域”所有“工作过程”，则表明该被试者达到了相应“知识域”的能力要求，如果所有的“知识域”都达到了相应的要求，则说明被试者具备了这个岗位级别所要求的能力，我们可以认为他达到了胜任该岗位的资格能力。

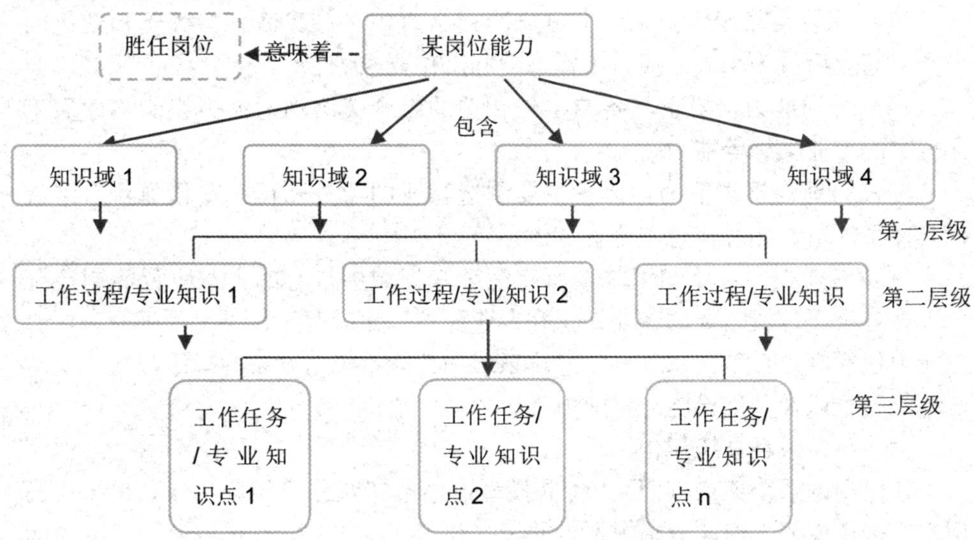

图 6-3　PSCM 运维人才能力模型架构

从上述的模型架构中，可见模型的能力纵向分为三个层级，第一层级为知识域，第二层级为工作过程，第三层级为工作任务。

所谓工作过程是在企业里完成一件工作任务并获得工作成果而进行的一个完整的工作程序，是一个综合的、时刻处于运动状态但结构相对固定的系统。工作过程是“人”的活动过程，而不是企业的生产（工艺或服务，下同）流程。工作过程与生产流程有一定联系，但有本质的不同：①工作过程是人的技术活动，有一定的主观个体差别；而生产流程是客观的，由世界的物质规律决定。②复杂产品的生产流程或综合性服务流程往往包含多个工作过程，如化工厂的生产流程只有一套，而化工技术人员却需完成多个工作过程，如“中间工序产品的检测”“化工设备维护与保养”“新产品试制”等等。③只有在手工业特征比较明显的职业如木工等，工作流程完全由一个人完成，工作过程才有可能与生产流程一致。

典型工作任务是描述一项完整的工作行动，包括计划、实施、评估整个行动过程。它反映了职业工作的内容和形式，以及该任务在整个职业中的意义、功能和作用。从整体上概括了一个职业（专业）的内涵，在此基础上可以按照教育学规律进行教学设计。每一个典型工作任务描述了职业教育课程中的一个学习领域课程。通常每个职业（专业）有 10~20 个典型工作任务。同时也构成了职业教育专业的学习领域，即课程体系。

（2）能力指标

上述系统架构建立后，我们参考 CM 能力素质模型最佳实践能力词典以及智能制造企业对应目标岗位能力的调研结果中归纳出的两级能力项，填入到 PSCM 模型的相应能力层级中，初步建立了智能制造服务人才能力模型的初始能力词典。

从模型应用的角度，我们参考 CM 能力素质模型的设计，规定每个“知识域”包含若干个“工作过程”，每个“工作过程”包含若干个“工作任务”，数量一般控制在 5~10 项左右（见图 6-3 中的 m，n）。表 6-1 是 PSCM 运维人才能力模型的“运维能力知识域”包含的所有一级能力——“工作过程”。

表 6-1 PSCM 运维能力知识域包含的工作过程

编号	工作过程及专业知识描述
1	熟悉工业软件及相关先进技术的知识（MES，云计算）
2	熟悉机电自动化设备的知识（机床、流水线、传感器等）
3	具备 ICT 基础设施的运维能力（机房中的服务器、网络）
4	具备工业软件的运维能力（MES，云等）
5	具备运维系统的操作能力（安灯、VR 眼镜等现有运维软件及工具）
6	具备机电设备的运维能力（机床、流水线、传感器等）
7	具备系统与网络安全的运维能力
8	……

在表 6-1 中，在体现具体岗位所需能力知识的深度上，包括掌握、熟悉及了解三个不同的等级。能力分级的思想，其一是根据不同级别的行为，来体现能力所达到的程度；其二是通过对一种能力所包含的行为表现，通过分析其发生的频率，来体现能力的不同熟练程度。掌握、熟悉和了解的区别关键在于能力的应用上。熟悉是说你对某项能力的了解程度要较高，掌握是要求你不但熟悉而且会应用熟练，而了解则更多是理论上知道这个知识点即可。

模型中每个典型的工作过程均可分解为若干条典型的工作任务，如果这些典型工作任务反映了对应工作过程的广度和深度。我们定义“工作任务”为支撑与实现“工作过程”的更小的实践活动和专业知识点。“工作任务”对应人员测评技术中的“能力指标”，它们必须是可衡量的、可观察的与可指导的。只有掌握所有的典型工作任务，才表示达成了对应的典型工作过程的能力。

表 6-2 是 PSCM 模型中，中级运维工程师“运维能力知识域”的某项工作过程——“具备常见工业软件的运维能力”所包含的“工作任务”。

表 6-2 PSCM 模型中工作任务的成熟度等级

编号	工作任务及专业知识点描述
1	掌握 ERP 系统的运维
2	掌握 MES 系统的运维
3	掌握 PLC 系统的运维
4	掌握工业云平台系统的运维

续 表

编号	工作任务及专业知识点描述
5	掌握工业大数据系统的运维
6	掌握三大集成系统中其他的相关应用系统的运维
7	……

因此，能力成熟度分级的主要目的，就是说明对于不同层级应该具备什么样的能力。每一个等级都有不同的特征，每一等级都为后一等级奠定基础，为软件外包专业人才不断学习、掌握并改进其知识技能提供了指南。需要指出的是，某级别的人员虽然具备部分更高一级岗位人才的能力知识的要求层级，但是他们不能系统地掌握其知识体系要求，所以就无法满足该岗位的职业能力需求，所以仍然属于原来的级别。

(3) 权重

在上述模型的能力词典建立后，一个重要的工作就是确定模型中“知识域”“工作过程”及“工作任务”各个能力层级对应的权重。某项能力知识的权重直接影响到将来基于此模型的专业建设、课程设置以及受师生重视的程度，具有重要的教学导向作用。在权重确立的过程中，我们结合教育的理论，与企业专家和工程师进行了反复的讨论和论证，最终确定了各个层级对应的经验权重。需要指出的是，这个权重对应的是这些能力的学时比例。表 6-3 是 PSCM 运维人才能力模型中的四个“知识域”的权重：

表 6-3 运维人才四个知识域的权重

编号	知识域	权重
1	综合职业素养	5%
2	外语综合沟通能力	15%
3	行业知识与管理能力	20%
4	专业运维能力	60%

可见，对于运维人才的学习内容和学识而言，需要学习最多的是专业运维能力，以及行业知识与管理能力，这些能力对应的学时权重占教学的大部分比例。而专业外语能力和综合职业素养，可以通过在实训过程，结合专业运维能力的技能学习来培养。

第四步，模型修正与验证

在模型的验证阶段，我们将 PSCM 模型的能力词典转化成一系列的项目列表，采用结构化问卷法对来自十多家智能制造和两化融合示范性企业的目标岗位的任职者进行了模型验证工作。被访问者根据问卷表中能力条目与他们实际有效工作的相关性，对每个层级的能力项进行评级，明确他们现在使用某一能力的频率，选项有（1）非常必要，（2）必要，（3）有用但不必要，（4）不需要。通过对调查的数据进行分析，可以判断模型的能力词典是否与大多数目标岗位的任职者、知情观察者和利害关系人的认识一致。

验证工作结束后，此时的模型已经囊括了目标岗位成功完成工作所要求的全部能力知识，就专业开发、课程设置、就业准入测评和补差的教学目的，PSCM 模型就此完成了。

6.3 能力模型公共能力

6.3.1 工匠精神解读

国务院总理李克强 2016 年 3 月 5 日作政府工作报告时说，鼓励企业开展个性化定制、柔性化生产，培育精益求精的工匠精神，增品种、提品质、创品牌。“工匠精神”出现在政府工作报告中，体现了政府对智能制造时代人才职业素养的新要求。工匠精神不仅体现了对产品精心打造、精工制作的理念和追求，更是要不断吸收最前沿的技术，创造出新成果。

工匠精神落在个人层面，就是一种认真精神、敬业精神。其核心是：不仅仅把工作当作赚钱养家糊口的工具，而是树立起对职业敬畏、对工作执着、对产品负责的态度，极度注重细节，不断追求完美和极致，给客户无可挑剔的体验。而为了保证智造系统的正常、高效运营，运维人才更加需要精益求精、严谨、耐心、专注和专业与敬业的工匠精神。

精神内涵可以概括为以下五点，都参考列入智能制造系统运维人才的能力模型的职业素养知识域中。

（1）精益求精。注重细节，追求完美和极致，不惜花费时间精力，孜孜不倦，反复改进产品，把 99%提高到 99.99%。

（2）严谨，一丝不苟。不投机取巧，必须确保每个部件的质量，对产品采取严格的检测标准，不达要求绝不轻易交货。

（3）耐心，专注，坚持。不断提升产品和服务，因为真正的工匠在专业领域上绝对不会停止追求进步，无论是使用的材料、设计还是生产流程，都在不断完善。

(4) 专业，敬业。工匠精神的目标是打造本行业最优质的产品，其他同行无法匹敌的卓越产品。

(5) 淡泊名利。用心做一件事情，这种行为来自内心的热爱，源于灵魂的本真，不图名不为利，只是单纯地想把一件事情做到极致。

上述工匠精神是运维人才模型的职业素养能力项的主要参考内容。

6.3.2 职业素养能力

基于能力素质模型的冰山理论、能力词典和调研结果，运维人才能力模型的职业素养能力部分确定了个人品质、工作态度和工作要求三个一级能力。这些能力体现了智能制造提倡的工匠精神，包括创新能力、自学能力和敬业精神等。个人品质属于冰山理论中的人格特性层次，是能力素质最底层的要求，体现了人才从个人的品性等方面是否适合该运维工作，如果要成为优秀者的话，甚至需要是从内心告诉自己是“生来就是做这种事的”。具体体现为个性、职业倾向、自信和专注力等几项二级能力项。工作态度属于冰山理论的驱动力层次，体现为自己从内心要求自己“我要做这个工作”，具体体现为遵守纪律、进取心、敬业精神、执行力、责任心和怀疑精神等二级能力项。工作要求属于冰山理论中的较高的价值观和自我定位层次，体现了人才从内心感觉该岗位的工作很重要，所以要做，而且是自己该做的。具体体现为沟通能力、创新意识、学习能力、团队意识、服务意识、分析和解决问题能力、跨工种团队协作一级目标与时间管理等一级能力项。

表 6-4　职业素养能力域

序号	指标	一级能力（工作过程/专业知识描述）	SN	二级能力（工作任务/专业知识描述）测试指标	技能/知识
1	40%	工作要求（价值观、自我定位层次：从内心“感觉很重要，所以做，是我该做的”）	1	沟通能力：在做一般的沟通时，基本能准确地理解、记住或记录有关事实，能够向别人说清楚（presentation）自己要表达的意思，能完成一般难度的协调任务	知识
			2	创新意识：指在工作中具有主动改进现有制度、规定、做法，寻找更合理的解决方法的愿望，也能一些小改良、改造	知识
			3	学习能力：有一定的学习意识，独立通过一些方法和方式学习新并接受新知识，能从工作中能不断总结经验，吸取教训，对工作有所改进，遇到新的知识，能去学习	知识
			4	团队意识：对自己的团队角色有正确的认知，对团队及其成员抱有积极的态度，能根据团队分工进行较好合作	知识
			5	服务意识：根据工作职责提供必要的服务，理解客户的需要，在一定的督促和规范约束下，基本能够达到客户服务的意识和要求	知识
			6	分析与解决问题的能力：在遇到疑难问题时，能够通过一定的分析方法和过程独立地解决初级难度问题；能够使用项目文档、网络和其他同事的帮助解决能力和职责范围内的问题	知识
			7	跨工种团队协作：能够与其他职能部门的有关人员进行协作处理问题	
			8	目标与时间管理：具备基本的时间管理能力，能够按照工作的优先重点及进度计划的要求，在经理的指导下，及时完成分配给自己的工作任务	知识

续 表

序号	指标	一级能力（工作过程/专业知识描述）	SN	二级能力（工作任务/专业知识描述）测试指标	技能/知识
2	30%	工作态度（驱动力层次：从内心要求自己“我要做”）	1	遵守纪律、注意细节：在一定的督促和规范（开发标准、公司制度）约束下，基本能够注意并遵守一些工作的细节和纪律要求	知识
			2	淡泊名利。用心做一件事情，这种行为来自内心的热爱，源于灵魂的本真，不图名不为利，只是单纯想把一件事情做到极致	
			3	专业，敬业。工匠精神的目标是打造本行业最优质的产品，其他同行无法匹敌的卓越产品。	知识
			4	耐心，专注，坚持。不断提升产品和服务，因为真正的工匠在专业领域上绝对不会停止追求进步，无论是使用的材料、设计还是生产流程，都在不断完善。	知识
			5	精益求精。注重细节，追求完美和极致，不惜花费时间精力，孜孜不倦，反复改进产品，把99%提高到99.99%。	知识
			6	严谨，一丝不苟。不投机取巧，必须确保每个部件的质量，对产品采取严格的检测标准，不达要求绝不轻易交货。	知识
3	30%	个人品质（人格特质层次：从内心告诉自己“生来就是做这种事的”）	1	职业倾向：基本能够安心在本领域从事当前岗位的工作，对职业方向有一定的认识	知识
			2	专注力：对于分派给自己的任务，基本能够集中精力和时间、排除一些干扰完成它	知识
			3	自信：对自己的观点、决定、完成任务的能力、有效解决问题的能力等有一定的自信心	知识
			4	个性：该个性基本满足本领域当前岗位的工作要求（对日外包与对欧美外包企业文化的不同）	知识

6.3.3 行业知识与管理能力

除了核心的专业技能外，生产性服务人才还需要具备综合的行业知识与管理知识，分为四个一级能力，分别要求熟悉主要智能制造行业的业务知识，熟悉制造企业管理知识以及专业英语能力。

表 6-5 行业域管理能力域

SN	能力指标	一级能力（工作过程/专业知识描述）	SN	能力指标	二级能力（工作任务/专业知识描述），测试指标	技能/知识
1	40%	熟悉主要制造行业的业务知识	1	20%	熟悉离散型制造业基础知识	知识
			2	5%	熟悉流程型（连续生产、批量生产、混合型生产）制造业基础知识	知识
			3	5%	熟悉产品生命周期的基础知识	知识
			4	20%	熟悉物流与仓储的基础知识	知识
			5	20%	熟悉材料学的基础知识	知识
			6	20%	熟悉产品加工的基础知识	知识
			7	5%	熟悉制造工艺的基础知识	知识
			8	5%	熟悉工业设计的基础知识	知识
			9	5%	熟悉精益生产的主要活动和改进方法	知识
2	40%	熟悉制造企业管理知识	1	5%	熟悉现代企业管理基础知识	知识
			2	20%	熟悉制造企业常用信息系统	知识
			3	10%	熟悉新一代 IT 技术	知识
			4	10%	熟悉物联网知识	知识
			5	20%	熟悉工业互联网知识	知识
			6	20%	熟悉企业常用国际管理体系	知识
			7	5%	熟悉企业财务管理基础知识	知识

续 表

SN	能力指标	一级能力（工作过程/专业知识描述）	SN	能力指标	二级能力（工作任务/专业知识描述），测试指标	技能/知识
3	20%	具备生产信得过服务岗位相关英语能力	1	30%	能够读懂服务工作相关的专业文档和说明	
			2	10%	能够读懂新一代 IT 及计算机类文档内容和要求	
			3	10%	能够读懂机电类用户文档内容和要求	
			4	10%	能够读懂企业质量管理常见英语术语	
			5	10%	掌握信息安全专业英语术语	
			6	20%	能够读懂对应行业业务类的常见英语术语	
			7	10%	掌握大学英语 A 级的水平	

6.4 能力模型专业能力

6.4.1 工业软件开发人才专业能力

工业软件开发能力，包括对工业管理软件、生产软件、设备控制软件、服务平台软件等开发的能力。

表 6-6 工业软件开发能力域

SN	能力指标	一级能力（工作过程/专业知识描述）	SN	能力指标	二级能力（工作任务/专业知识描述），测试指标	技能/知识
1	40%	具备常见开发语言及在主流操作系统下的编程能力（1到3种以上）	1	15%	掌握 C/C++编程能力	技能
			2	15%	掌握 JAVA 编程能力	技能
			3	20%	掌握 PYTHON 编程能力	技能
			4	20%	掌握 HTML5 的编程能力	技能
			5	15%	掌握 ANDROID 下的编程能力	技能
			6	15%	掌握 IOS 下的编程能力（5 和 6 二选一）	技能
			7	5%	熟悉 ESB 的协议及接口编程	技能
			8	5%	熟悉主流工业网络与通信的协议	技能
			9	5%	熟悉 WEBSERVICE 等系统集成编程技术	技能
2	30%	熟悉常见信息化系统、协议和技术	1	10%	熟悉计算机基础技术知识	知识
			2	5%	熟悉物联网基础技术知识	知识
			3	5%	熟悉常见的工业系统与技术（纵向集成系统、云计算、大数据等）	知识
			4	20%	熟悉 ERP 企业间管理与决策支持系统；	知识
			5	20%	熟悉 MES 车间级制造执行系统	知识
			6	20%	熟悉 PLC 设备控制系统	知识
			7	10%	熟悉基于云平台与大数据平台	知识
			8	5%	熟悉安灯系统等监控系统	知识
			9	5%	熟悉信息安全的基本知识	知识

续 表

SN	能力指标	一级能力（工作过程/专业知识描述）	SN	能力指标	二级能力（工作任务/专业知识描述），测试指标	技能/知识
3	30%	具备 ICT 基础设施的接口能力	1	10%	熟悉常见的传感器与控制设备知识	知识
			2	10%	熟悉常见的机电、自动化设备（加工设备、传送设备、检测设备等）知识	知识
			3	10%	熟悉常见的智能化设备（智能小车、无人机、VR 眼镜等）	知识
			4	10%	掌握数据机床的接口编程	技能
			5	20%	熟悉常见自动化设备（装配、检测等）的接口编程能力	技能
			6	10%	熟悉 3D 打印系统的接口编程	技能
			7	20%	熟悉机器人系统的接口编程	技能
			8	10%	熟悉使用 VR/AR 技术等接口编程	技能

6.4.2 智能制造系统运维人才专业能力

智能制造系统运维服务人才要求具备对自动化、智能化信息系统的运维能力，对工业信息安全的运维能力，对信息、通信和技术（Information Communications Technology，ICT）基础设施的运维能力。

表 6-7 运维能力域

SN	能力指标	一级能力（工作过程/专业知识描述）	SN	能力指标	二级能力（工作任务/专业知识描述），测试指标	技能/知识
1	30%	具备自动化与智能化系统的运维能力	1	15%	熟悉常见的传感器与控制设备知识	知识
			2	5%	熟悉常见的机电、自动化设备（加工设备、传送设备、检测设备等）知识	知识
			3	10%	熟悉常见的智能化设备（智能小车、无人机、VR 眼镜等）	知识
			4	30%	掌握数据机床的运维能力	技能
			5	20%	掌握常见自动化设备（装配、检测等）的运维能力	技能
			6	10%	掌握 3D 打印系统的运维能力	技能
			7	5%	掌握机器人系统的运维能力	技能
			8	5%	掌握常见智能化系统的运维能力	技能
			9	5%	掌握使用 VR/AI 技术等智能化工具的运维能力	技能
2	30%	具备信息化系统与技术的运维能力	1	10%	熟悉计算机基础技术知识	知识
			2	5%	熟悉物联网基础技术知识	知识
			3	5%	熟悉常见的工业系统与技术（纵向集成系统、云计算、大数据等）	技能
			4	20%	掌握 ERP 企业间管理与决策支持系统的运维能力	技能
			5	20%	掌握 MES 车间级制造执行系统的运维能力（设计、制图等）	技能
			6	30%	掌握 PLC 设备控制系统的运维能力	技能
			7	10%	掌握云平台与大数据平台的运维能力	技能
			8	5%	掌握安灯系统的操作能力	技能
			9	5%	掌握其他常见应用系统与工具的操作能力	技能

续 表

SN	能力指标	一级能力（工作过程/专业知识描述）	SN	能力指标	二级能力（工作任务/专业知识描述），测试指标	技能/知识
3	20%	具备工业系统安全的运维能力	1	15%	熟悉信息安全的基本知识	知识
			2	20%	掌握处理黑客攻击的操作	技能
			3	20%	掌握处理病毒的操作	技能
			4	20%	掌握处理数据加减密的操作	技能
			5	10%	掌握处理数据恢复的操作	技能
			6	5%	掌握处理黑客攻击的操作	技能
			7	5%	掌握常见信息安全设备的操作	技能
			8	5%	掌握常见信息安全软件与工具的操作	技能
4	20%	具备 ICT 基础设施的运维能力	1	30%	掌握 ICT 基础设施与环境（机房设施、网络交换设备等）的运维能力	技能
			2	20%	掌握工业网络环境与平台（现场总线等）的运维能力	技能
			3	5%	熟悉常见工业通信技术（移动互联、智能通讯、射频识别等）	知识
			4	5%	熟悉常见 ICT 硬件设备	知识
			5	15%	熟悉基础软件（如操作系统与数据库系统和中间件等）	知识
			6	15%	熟悉主流工业网络与通信的协议	知识

6.4.3 智能物流人才专业能力

智能制造物流人才专业能力，需要熟悉供应链和仓储等业务知识、新一代 IT 技术及其应用，掌握智能物流信息系统的操作与管理能力。

表 6-8 物流能力域

SN	能力指标	一级能力（工作过程/专业知识描述）	SN	能力指标	二级能力（工作任务/专业知识描述），测试指标	技能/知识
1	10%	熟悉新一代 IT 技术	1	15%	熟悉常见的物联网知识	知识
			2	5%	熟悉常见的人工智能知识及其应用	知识
			3	10%	熟悉常见的智能化设备及其应用	知识
			4	30%	熟悉大数据技术及其应用	技能
			5	25%	熟悉云计算技术及其应用	技能
			6	10%	熟悉智能制造的常见应用系统功能	技能
			7	5%	熟悉 RFID 等射频技术及其应用	技能
2	50%	具备智能物流所涉及的技能和知识	1	10%	熟悉机器人物流系统	知识
			2	5%	熟悉大数据技术在智能物流系统中的应用	知识
			3	5%	熟悉区块链技术及其在智能供应链中的应用	技能
			4	20%	熟悉智能制造与精益物流的知识	知识
			5	20%	熟悉无人仓管理系统的操作	知识
			6	30%	熟悉常见的物流机器人的操作	技能
			7	10%	熟悉常见的智能物流系统的操作	技能
3	40%	具备物流专业管理能力	1	10%	熟悉信息安全的基本知识	知识
			2	10%	熟悉采购与供应管理知识	技能
			3	20%	熟悉生产物流管理知识	技能
			4	20%	熟悉销售物流管理知识	技能
			5	10%	熟悉现代物流服务方案规划知识	技能
			6	10%	熟悉仓储与配送管理知识	技能
			7	10%	熟悉国际货运管理知识	技能
			8	10%	熟悉货代管理及供应链管理等知识	知识

6.4.4 智能制造管理会计人才专业能力

智能制造管理会计人才专业能力，要求熟悉新一代的 IT 技术及应用，具备会计在智能制造下，会计从电算化向信息化甚至智能化转变的能力要求。

表 6-9 会计专业能力域

SN	能力指标	一级能力（工作过程/专业知识描述）	SN	能力指标	二级能力（工作任务/专业知识描述），测试指标	技能/知识
1	10%	熟悉新一代 IT 技术、智能制造相关知识	1	15%	熟悉智能制造的知识	知识
			2	15%	熟悉智能工厂知识	知识
			3	10%	熟悉常见的智能化设备及其应用	知识
			4	10%	熟悉大数据技术及其人工智能应用	知识
			5	10%	熟悉云计算技术及其应用	知识
			6	10%	熟悉智能制造的常见应用系统功能	知识
			7	10%	熟悉 RFID 等射频技术及其应用	知识
			8	10%	熟悉物流仓储系统知识	知识
			9	10%	熟悉工业设计知识	知识
2	50%	具备智能制造会计所涉及的技能和知识	1	15%	熟悉会计智能化系统核算过程功能和操作	技能
			2	15%	熟悉会计智能化系统业务分析功能和操作	技能
			3	15%	熟悉会计智能化系统管控功能和操作	技能
			4	15%	熟悉会计智能化系统成本分析功能和操作	技能
			5	20%	熟悉智能化会计决策的方法和操作	技能
			6	20%	掌握 ERP 和 MES 等信息中财务会计功能的操作	技能

续 表

SN	能力指标	一级能力（工作过程/专业知识描述）	SN	能力指标	二级能力（工作任务/专业知识描述），测试指标	技能/知识
3	40%	具备会计专业管理能力	1	15%	掌握会计基础知识	知识
			2	15%	掌握财务管理知识	知识
			3	15%	熟悉相关行业的会计理论知识	知识
			4	15%	熟悉行业财务制度知识	知识
			5	15%	掌握管理会计知识	知识
			6	15%	掌握会计电算化知识	知识
			7	10%	熟悉与会计工作有密切关系的财政、税收、金融等相关知识	知识

6.4.5 工业设计人才专业能力

工业设计人才专业能力，本书主要指能够使用虚拟现实等仿真技术对产品、流程等系统进行虚拟化设计的能力。

表 6-10 工业设计人才能力域

SN	能力指标	一级能力（工作过程/专业知识描述）	SN	能力指标	二级能力（工作任务/专业知识描述），测试指标	技能/知识
1	10%	熟悉新一代 IT 技术、智能制造相关知识	1	15%	熟悉智能制造的知识	知识
			2	5%	熟悉智能工厂知识	知识
			3	10%	熟悉常见的智能化设备及其应用	知识
			4	30%	熟悉大数据技术及其人工智能应用	技能
			5	25%	熟悉云计算技术及其应用	技能
			6	10%	熟悉智能制造的常见应用系统功能	技能
			7	5%	熟悉 RFID 等射频技术及其应用	技能
			8	5%	熟悉物流仓储系统知识	技能
			9	5%	熟悉工业设计知识	知识

续 表

SN	能力指标	一级能力（工作过程/专业知识描述）	SN	能力指标	二级能力（工作任务/专业知识描述），测试指标	技能/知识
2	50%	具备智能制造工业设计所涉及的技能和知识	1	5%	熟悉智能制造主要产品和生产系统的流程和特征	知识
			2	5%	掌握相关数据库库开发技术	知识
			3	30%	掌握主流的虚拟仿真引擎及其开发技术，如 virtools，quest3d，unity3d，UDK 等，及其脚本编成的方法	技能
			4	20%	掌握模型制作、贴图处理、灯光渲染、角色动作绑定和程序制作等能力	知识
			5	5%	熟悉数据可视化知识	知识
			6	5%	熟悉工业设计理论与知识	技能
			7	20%	掌握计算机辅助设计 CAD 的能力	技能
			8	5%	掌握工业设计的流程，三维渲染、制模、精密图样的制作等等	技能
			9	5%	了解对商品从设计制作到走向市场的全进程	技能
3	40%	具备虚拟仿真系统及相关信息技术的技能和知识	1	10%	掌握良好的素描和徒手作画的能力	知识
			2	10%	掌握良好的模型制作的技术	技能
			3	20%	掌握一种矢量绘图软件（比如 FREEHAND、ILLUSTRATOR）和一种像素绘图软件（如 PHOTOSHOP、PHOTOSTYLER）	技能
			4	20%	掌握一种三维造型软件方面能使用高级一些的如 PRO/E、ALIAS、CATIA、I-DEAS 或层次较低些的如 SOLIDWORKS98、FORM-Z、RHINO3D、3DSTUDIOMAX 等	技能
			5	20%	掌握二维绘图方面能使用 AUTOCAD、MICROSTATION 和 VELLUM	技能
			6	5%	熟悉虚拟仿真和虚拟世界计算机系统的知识	技能
			7	5%	在形状方面具有极好的鉴赏力，对正负空间的架构有敏锐的感受才能	知识

7 智能制造服务人才培养方案

7.1 生产性服务人才培养理念

7.1.1 “中国制造 2025 人才发展规划指南”解读

《制造业人才发展规划指南》（下文简称为《指南》）是为贯彻落实《中国制造 2025》，健全人才培养体系，创新人才发展体制机制，进一步提高制造业人才队伍素质，为实现制造强国的战略目标提供人才保证，由教育部、人力资源社会保障部、工业和信息化部等部门共同编制的。

《指南》的发展目标是到 2020 年，形成与制造业发展需求相适应的人力资源建设格局，培养和造就一支数量充足、结构合理、素质优良、充满活力的制造业人才队伍，基本确立建设制造强国的人才优势，为实现中国制造“三步走”战略目标奠定坚实的人才基础。具体目标包括制造业人才资源基本满足产业需求，人才培养与制造业发展需求更加吻合，重点领域人才供给能力明显提高，人才资源聚集能力和效应显著增强，人才发展制度改革取得突破性进展。

为实现上述目标，《指南》提出了七大主要任务，下面将与高等教育阶段有关的内容概括如下。

一、推进制造业人才供给结构改革

1. 贯通制造业人才系统培养渠道

支持制造业重点企业参与世界一流大学和一流学科建设，在更高、更广的层面上促进制造业相关学科交叉融合。

2. 精准对接重点领域人才需求

引导高校招生计划向本科电子信息类、机械类、材料类、海洋工程类、生物工程类、航空航天类和高职装备制造大类、电子信息大类、生物与化工大类、能源动力与材料大类中对应制造业十大重点领域的相关专业倾斜。

3. 促进学科专业设置与产业发展同步

注重专业设置前瞻性，主动适应新技术、新工艺、新装备、新材料发展需求，增设前沿和紧缺学科专业，强化行业特色学科专业建设。

二、加快实现产业和教育深度融合

1. 鼓励行业企业参与人才培养

加快修订《职业教育法》，研究出台促进校企合作的有关办法，明确行业企业参与人才培养的权利、责任和义务。企业要为学生实习、教师实践提供岗位，并与学校共同制定实习、实践方案。发挥科技实践活动在人才培养中的作用。

2. 发挥企业在职业教育中的重要办学主体作用

面向制造业十大重点领域，推行校企联合培养的现代学徒制。对举办职业学校的企业，其办学符合职业教育发展规划要求的，各地可通过政府购买服务等方式给予支持。

3. 推进职业教育集团化办学

充分发挥职业教育集团成员单位中行业企业的作用，推进办学模式、培养模式、教学模式、评价模式改革，促进产业链、岗位链、教学链深度融合。

4. 加快产学研用联盟建设

多种形式支持制造业企业建设兼具生产与教学功能的实习实训基地，服务制造业创新体系建设。鼓励教师参与各类相关技能竞赛活动。探索建立企业和高校、标准化科研机构联合培养机制，加快培养制造业标准化和质量工程技术专业人才。

三、提升制造业人才关键能力和素质

1. 大力培育工匠精神

推进工匠精神进校园、进课堂，帮助学生树立崇高的职业理想和良好的职业道德，培养崇尚劳动、敬业守信、精益求精、敢于创新的制造业人才。

2. 注重创新能力培养

把创新创业教育融入人才培养全过程，面向高校学生开发开设研究方法、学科前沿、创业基础、就业创业指导等方面的必修课和选修课。发展创新设计教育，在工业设计等专业教学中加强创造性、综合性设计能力培养。

3. 增强信息技术应用能力

加强面向先进制造业的信息技术应用人才培养，在相关专业教学中强化数字化设计、智能制造、信息管理、电子商务等方面内容。

4. 提升绿色制造技术技能水平

鼓励高等学校、职业学校根据绿色制造发展需要积极开设节能环保、清洁生产等相关学科专业，与行业企业联合加强实习实训基地建设、研究开发课程教材，减少或取消设置限制类、淘汰类产业相关学科专业，推动制造业传统学科专业向低碳化、智能化发展。

四、打造高素质专业技术人才队伍

1. 提升工程技术人才培养能力

深化工程教育教学改革，改变“重论文、轻实践”的倾向，完善工科学生实习制度，强化学生工程实践能力培养。围绕“四基”建设、智能制造、“互联网+制造”等领域，重点培养先进设计、关键制造工艺、材料、数字化建模与仿真、工业控制及自动化、工业云服务和大数据运用等方面的专业技术人才。

2. 加强复合型专业人才培养

推动高校探索建立跨院系、跨学科、跨专业交叉培养新机制。培育生产性服务业创新团队。制造业企业要适应产品全生命周期管理需要，加快培育复合型人才。

7.1.2 “职教 20 条”解读

2019 年 1 月 24 日，国务院印发《国家职业教育改革实施方案》（下文简称《方案》）。《方案》提出具体指标：到 2022 年，职业院校教学条件基本达标，一大批普通本科高等学校向应用型转变，建设 50 所高水平高等职业学校和 150 个骨干专业（群）；建成覆盖大部分行业领域、具有国际先进水平的中国职业教育标准体系，等等。

针对智能制造生产性服务人才的职业院校的最新人才培养，非常有必要研究代表国家对职业教育最新指导思想的《方案》的要求，以便把最新的思想

和方法运用到实际的人才培养方案中。

一、职教改革方案与总体要求

职业教育与普通教育是两种不同教育类型，具有同等重要地位。改革开放以来，职业教育为我国经济社会发展提供了有力的人才和智力支撑，现代职业教育体系框架全面建成，服务经济社会发展能力和社会吸引力不断增强，具备了基本实现现代化的诸多有利条件和良好工作基础。随着我国进入新的发展阶段，产业升级和经济结构调整不断加快，各行各业对技术技能人才的需求越来越紧迫，职业教育重要地位和作用越来越凸显。但是，与发达国家相比，与建设现代化经济体系、建设教育强国的要求相比，我国职业教育还存在着体系建设不够完善、职业技能实训基地建设有待加强、制度标准不够健全、企业参与办学的动力不足、有利于技术技能人才成长的配套政策尚待完善、办学和人才培养质量水平参差不齐等问题，到了必须下大力气抓好的时候。没有职业教育现代化就没有教育现代化。为贯彻全国教育大会精神，进一步办好新时代职业教育，落实《中华人民共和国职业教育法》，制定本实施方案。

牢固树立新发展理念，服务建设现代化经济体系和实现更高质量更充分就业需要，对接科技发展趋势和市场需求，完善职业教育和培训体系，优化学校、专业布局，深化办学体制改革和育人机制改革，以促进就业和适应产业发展需求为导向，鼓励和支持社会各界特别是企业积极支持职业教育，着力培养高素质劳动者和技术技能人才。经过 5~10 年左右时间，职业教育基本完成由政府举办为主向政府统筹管理、社会多元办学的格局转变，由追求规模扩张向提高质量转变，由参照普通教育办学模式向企业社会参与、专业特色鲜明的类型教育转变，大幅提升新时代职业教育现代化水平，为促进经济社会发展和提高国家竞争力提供优质人才资源支撑。

二、具体指标

到 2022 年，职业院校教学条件基本达标，一大批普通本科高等学校向应用型转变，建设 50 所高水平高等职业学校和 150 个骨干专业（群）。建成覆盖大部分行业领域、具有国际先进水平的中国职业教育标准体系。企业参与职业教育的积极性有较大提升，培育数以万计的产教融合型企业，打造一批优秀职业教育培训评价组织，推动建设 300 个具有辐射引领作用的高水平专业化产教融合实训基地。职业院校实践性教学课时原则上占总课时一半以上，顶岗实习时间一般为 6 个月。“双师型”教师（同时具备理论教学和实践教学能力的教师）占专业课教师总数超过一半，分专业建设一批国家级职业教育教师教学创新团队。从2019年开始，在职业院校、应用型本科高校启动“学历证书+若干职业技能等级证书”制度试点（以下称1+X证书制度试点）工作。

三、完善国家职教制度体系

（一）健全国家职业教育制度框架

把握好正确的改革方向，按照“管好两端、规范中间、书证融通、办学多元”的原则，严把教学标准和毕业学生质量标准两个关口。将标准化建设作为统领职业教育发展的突破口，完善职业教育体系，为服务现代制造业、现代服务业、现代农业发展和职业教育现代化提供制度保障与人才支持。建立健全学校设置、师资队伍、教学教材、信息化建设、安全设施等办学标准，引领职业教育服务发展、促进就业创业。落实好立德树人根本任务，健全德技并修、工学结合的育人机制，完善评价机制，规范人才培养全过程。深化产教融合、校企合作，育训结合，健全多元化办学格局，推动企业深度参与协同育人，扶持鼓励企业和社会力量参与举办各类职业教育。推进资历框架建设，探索实现学历证书和职业技能等级证书互通衔接。

（二）推进高等职业教育高质量发展

把发展高等职业教育作为优化高等教育结构和培养大国工匠、能工巧匠的重要方式，使城乡新增劳动力更多接受高等教育。高等职业学校要培养服务区域发展的高素质技术技能人才，重点服务企业特别是中小微企业的技术研发和产品升级，加强社区教育和终身学习服务。建立“职教高考”制度，完善“文化素质+职业技能”的考试招生办法，提高生源质量，为学生接受高等职业教育提供多种入学方式和学习方式。在学前教育、护理、养老服务、健康服务、现代服务业等领域，扩大对初中毕业生实行中高职贯通培养的招生规模。启动实施中国特色高水平高等职业学校和专业建设计划，建设一批引领改革、支撑发展、中国特色、世界水平的高等职业学校和骨干专业（群）。根据高等学校设置制度规定，将符合条件的技师学院纳入高等学校序列。

（三）完善高层次应用型人才培养体系

完善学历教育与培训并重的现代职业教育体系，畅通技术技能人才成长渠道。发展以职业需求为导向、以实践能力培养为重点、以产学研用结合为途径的专业学位研究生培养模式，加强专业学位硕士研究生培养。推动具备条件的普通本科高校向应用型转变，鼓励有条件的普通高校开办应用技术类型专业或课程。开展本科层次职业教育试点。制定中国技能大赛、全国职业院校技能大赛、世界技能大赛获奖选手等免试入学政策，探索长学制培养高端技术技能人才。服务军民融合发展，把军队相关的职业教育纳入国家职业教育大体系，共同做好面向现役军人的教育培训，支持其在服役期间取得多类职业技能等级证书，提升技术技能水平。制订具体政策办法，支持适合的退役军人进入职业院校和普通本科高校接受教育和培训，鼓励支持设立退役军人教育培训集团(联盟)，推动退役、培训、就业有机衔接，为促进退役军人特别是退役士兵就业创业作出贡献。

四、构建职教国家标准

(一) 完善教育教学相关标准

发挥标准在职业教育质量提升中的基础性作用。按照专业设置与产业需求对接、课程内容与职业标准对接、教学过程与生产过程对接的要求，完善中等、高等职业学校设置标准，规范职业院校设置；实施教师和校长专业标准，提升职业院校教学管理和教学实践能力。持续更新并推进专业目录、专业教学标准、课程标准、顶岗实习标准、实训条件建设标准（仪器设备配备规范）建设和在职业院校落地实施。巩固和发展国务院教育行政部门联合行业制定国家教学标准、职业院校依据标准自主制订人才培养方案的工作格局。

(二) 启动 1+X 证书制度试点工作

深化复合型技术技能人才培养培训模式改革，借鉴国际职业教育培训普遍做法，制订工作方案和具体管理办法，启动 1+X 证书制度试点工作。试点工作要进一步发挥好学历证书作用，夯实学生可持续发展基础，鼓励职业院校学生在获得学历证书的同时，积极取得多类职业技能等级证书，拓展就业创业本领，缓解结构性就业矛盾。国务院人力资源社会保障行政部门、教育行政部门在职责范围内，分别负责管理监督考核院校外、院校内职业技能等级证书的实施（技工院校内由人力资源社会保障行政部门负责），国务院人力资源社会保障行政部门组织制定职业标准，国务院教育行政部门依照职业标准牵头组织开发教学等相关标准。院校内培训可面向社会人群，院校外培训也可面向在校学生。各类职业技能等级证书具有同等效力，持有证书人员享受同等待遇。院校内实施的职业技能等级证书分为初级、中级、高级，是职业技能水平的凭证，反映职业活动和个人职业生涯发展所需要的综合能力。

（三）开展高质量职业培训

落实职业院校实施学历教育与培训并举的法定职责，按照育训结合、长短结合、内外结合的要求，面向在校学生和全体社会成员开展职业培训。自2019年开始，围绕现代农业、先进制造业、现代服务业、战略性新兴产业，推动职业院校在10个左右技术技能人才紧缺领域大力开展职业培训。引导行业企业深度参与技术技能人才培养培训，促进职业院校加强专业建设、深化课程改革、增强实训内容、提高师资水平，全面提升教育教学质量。各级政府要积极支持职业培训，行政部门要简政放权并履行好监管职责，相关下属机构要优化服务，对于违规收取费用的要严肃处理。畅通技术技能人才职业发展通道，鼓励其持续获得适应经济社会发展需要的职业培训证书，引导和支持企业等用人单位落实相关待遇。对取得职业技能等级证书的离校未就业高校毕业生，按规定落实职业培训补贴政策。

（四）实现学习成果的认定、积累和转换

加快推进职业教育国家"学分银行"建设，从2019年开始，探索建立职业教育个人学习账号，实现学习成果可追溯、可查询、可转换。有序开展学历证书和职业技能等级证书所体现的学习成果的认定、积累和转换，为技术技能人才持续成长拓宽通道。职业院校对取得若干职业技能等级证书的社会成员，支持其根据证书等级和类别免修部分课程，在完成规定内容学习后依法依规取得学历证书。对接受职业院校学历教育并取得毕业证书的学生，在参加相应的职业技能等级证书考试时，可免试部分内容。从2019年起，在有条件的地区和高校探索实施试点工作，制定符合国情的国家资历框架。

五、促进产教融合校企双元育人

（一）坚持知行合一、工学结合

借鉴"双元制"等模式，总结现代学徒制和企业新型学徒制试点经验，校企共同研究制定人才培养方案，及时将新技术、新工艺、新规范纳入教学标准和教学内容，强化学生实习实训。健全专业设置定期评估机制，强化地方引导本区域职业院校优化专业设置的职责，原则上每5年修订1次职业院校专业目录，学校依据目录灵活自主设置专业，每年调整1次专业。健全专业教学资源库，建立共建共享平台的资源认证标准和交易机制，进一步扩大优质资源覆盖面。遴选认定一大批职业教育在线精品课程，建设一大批校企"双元"合作开发的国家规划教材，倡导使用新型活页式、工作手册式教材并配套开发信息化资源。每3年修订1次教材，其中专业教材随信息技术发展和产业升级情况及时动态更新。适应“互联网+职业教育”发展需求，运用现代信息技术改进教学方式方法，推进虚拟工厂等网络学习空间建设和普遍应用。

（二）推动校企全面加强深度合作

职业院校应当根据自身特点和人才培养需要，主动与具备条件的企业在人才培养、技术创新、就业创业、社会服务、文化传承等方面开展合作。学校积极为企业提供所需的课程、师资等资源，企业应当依法履行实施职业教育的义务，利用资本、技术、知识、设施、设备和管理等要素参与校企合作，促进人力资源开发。校企合作中，学校可从中获得智力、专利、教育、劳务等报酬，具体分配由学校按规定自行处理。在开展国家产教融合建设试点基础上，建立产教融合型企业认证制度，对进入目录的产教融合型企业给予“金融+财政+土地+信用”的组合式激励，并按规定落实相关税收政策。试点企业兴办职业教育的投资符合条件的，可按投资额一定比例抵免该企业当年应缴教育费附加和地方教育附加。厚植企业承担职业教育责任的社会环境，推动职业院校和行业企业形成命运共同体。

（三）打造一批高水平实训基地

加大政策引导力度，充分调动各方面深化职业教育改革创新的积极性，带动各级政府、企业和职业院校建设一批资源共享，集实践教学、社会培训、企业真实生产和社会技术服务于一体的高水平职业教育实训基地。面向先进制造业等技术技能人才紧缺领域，统筹多种资源，建设若干具有辐射引领作用的高水平专业化产教融合实训基地，推动开放共享，辐射区域内学校和企业；鼓励职业院校建设或校企共建一批校内实训基地，提升重点专业建设和校企合作育人水平。积极吸引企业和社会力量参与，指导各地各校借鉴德国、日本、瑞士等国家经验，探索创新实训基地运营模式。提高实训基地规划、管理水平，为社会公众、职业院校在校生取得职业技能等级证书和企业提升人力资源水平提供有力支撑。

（四）多措并举打造“双师型”教师队伍

从2019年起，职业院校、应用型本科高校相关专业教师原则上从具有3年以上企业工作经历并具有高职以上学历的人员中公开招聘，特殊高技能人才（含具有高级工以上职业资格人员）可适当放宽学历要求，2020年起基本不再从应届毕业生中招聘。加强职业技术师范院校建设，优化结构布局，引导一批高水平工科学校举办职业技术师范教育。实施职业院校教师素质提高计划，建立100个“双师型”教师培养培训基地，职业院校、应用型本科高校教师每年至少1个月在企业或实训基地实训，落实教师5年一周期的全员轮训制度。探索组建高水平、结构化教师教学创新团队，教师分工协作进行模块化教学。定期组织选派职业院校专业骨干教师赴国外研修访学。在职业院校实行高层次、高技能人才以直接考察的方式公开招聘。建立健全职业院校自主聘任兼职教师的办法，推动企业工程技术人员、高技能人才和职业院校教师双向流动。职业院校通过校企合作、技术服务、社会培训、自办企业等所得收入，可按一定比例作为绩效工资来源。

六、建设多元办学格局

（一）推动企业和社会力量举办高质量职业教育

各级政府部门要深化“放管服”改革，加快推进职能转变，由注重“办”职业教育向“管理与服务”过渡。政府主要负责规划战略、制定政策、依法依规监管。发挥企业重要办学主体作用，鼓励有条件的企业特别是大企业举办高质量职业教育，各级人民政府可按规定给予适当支持。完善企业经营管理和技术人员与学校领导、骨干教师相互兼职兼薪制度。2020年初步建成300个示范性职业教育集团（联盟），带动中小企业参与。支持和规范社会力量兴办职业教育培训，鼓励发展股份制、混合所有制等职业院校和各类职业培训机构。建立公开透明规范的民办职业教育准入、审批制度，探索民办职业教育负面清单制度，建立健全退出机制。

（二）做优职业教育培训评价组织

职业教育包括职业学校教育和职业培训，职业院校和应用型本科高校按照国家教学标准和规定职责完成教学任务和职业技能人才培养。同时，也必须调动社会力量，补充校园不足，助力校园办学。能够依据国家有关法规和职业标准、教学标准完成的职业技能培训，要更多通过职业教育培训评价组织（以下简称培训评价组织）等参与实施。政府通过放宽准入，严格末端监督执法，严格控制数量，扶优、扶大、扶强，保证培训质量和学生能力水平。要按照在已成熟的品牌中遴选一批、在成长中的品牌中培育一批、在有需要但还没有建立项目的领域中规划一批的原则，以社会化机制公开招募并择优遴选培训评价组织，优先从制订过国家职业标准并完成标准教材编写，具有专家、师资团队、资金实力和5年以上优秀培训业绩的机构中选择。培训评价组织应对接职业标准，与国际先进标准接轨，按有关规定开发职业技能等级标准，负责实施职业技能考核、评价和证书发放。政府部门要加强监管，防止出现乱培训、滥发证现象。行业协会要积极配合政府，为培训评价组织提供好服务环境支持，不得以任何方式收取费用或干预企业办学行为。

七、完善技术技能人才保障政策

（一）提高技术技能人才待遇水平

支持技术技能人才凭技能提升待遇，鼓励企业职务职级晋升和工资分配向关键岗位、生产一线岗位和紧缺急需的高层次、高技能人才倾斜。建立国家技术技能大师库，鼓励技术技能大师建立大师工作室，并按规定给予政策和资金支持，支持技术技能大师到职业院校担任兼职教师，参与国家重大工程项目联合攻关。积极推动职业院校毕业生在落户、就业、参加机关事业单位招聘、职称评审、职级晋升等方面与普通高校毕业生享受同等待遇。逐步提高技术技能人才特别是技术工人收入水平和地位。机关和企事业单位招用人员不得歧视职业院校毕业生。国务院人力资源社会保障行政部门会同有关部门，适时组织清理调整对技术技能人才的歧视政策，推动形成人人皆可成才、人人尽展其才的良好环境。按照国家有关规定加大对职业院校参加有关技能大赛成绩突出毕业生的表彰奖励力度。办好职业教育活动周和世界青年技能日宣传活动，深入开展“大国工匠进校园”“劳模进校园”“优秀职校生校园分享”等活动，宣传展示大国工匠、能工巧匠和高素质劳动者的事迹和形象，培育和传承好工匠精神。

（二）健全经费投入机制

各级政府要建立与办学规模、培养成本、办学质量等相适应的财政投入制度，地方政府要按规定制定并落实职业院校生均经费标准或公用经费标准。在保障教育合理投入的同时，优化教育支出结构，新增教育经费要向职业教育倾斜。鼓励社会力量捐资、出资兴办职业教育，拓宽办学筹资渠道。进一步完善中等职业学校生均拨款制度，各地中等职业学校生均财政拨款水平可适当高于当地普通高中。各地在继续巩固落实好高等职业教育生均财政拨款水平达到12 000元的基础上，根据发展需要和财力可能逐步提高拨款水平。组织实施好现代职业教育质量提升计划、产教融合工程等。经费投入要进一步突出改革导向，支持校企合作，注重向中西部、贫困地区和民族地区倾斜。进一步扩大职业院校助学金覆盖面，完善补助标准动态调整机制，落实对建档立卡等家庭经济困难学生的倾斜政策，健全职业教育奖学金制度。

7.1.3 德国“职业教育4.0”解读

德国作为“工业4.0”这一概念的来源国，社会对“工业4.0”背景下的人才培养关注度日益凸显，“职业教育4.0”也从最初职教研究文献逐步成为职教界乃至全社会的共识，并逐步成为政府、行业组织、企业、职业教育学校与机构在职业教育工作中的行动。从德国职业教育全局来看，联邦教研部负责推进的“职业教育4.0”框架倡议无论从教育政策意义、实施规模、影响范围等各方面都是最重要的措施。

一、职业教育4.0概念的形成

“职业教育4.0”是在德国提出并推进“工业4.0”发展过程中形成的概念。“工业4.0”作为德国国家高技术战略2020框架内实施的未来工程，从一开始就将人才培养工作纳入整体设计。早在“工业4.0”工作小组2012年10月2日向联邦政府提交的《工业4.0未来工程实施建议》中，就将“人机互动：人才培养、职业教育与继续教育”作为6个行动建议之一，同时将“建立‘工业4.0’能力中心”“继续教育与资格”列入实施建议的7项工作。随后的《工业4.0未来工程实施建议——工业4.0工作小组最终报告》中也明确，将人才培养及职业教育与继续教育作为6个行动领域之一。联邦政府采纳了这一建议，并在2013年4月成立的“工业4.0平台”中专门设立“劳动、职业教育与继续教育”工作组，负责倡导和推进工业4.0发展进程中与劳动及职业教育与继续教育相关的研究和创新，并提出行动建议。

2016年1月，联邦教研部印制的宣传册《职业教育中的数字媒体：联邦教研部资助项目》第一次出现“职业教育4.0倡议”。4月启动实施“职业教育4.0”倡议，并在联邦教研部官网上开辟“职业教育4.0”专栏。联邦职教所也在其官网开辟专栏。10月，联邦教研部在发布的《面向数字化知识社会的教育行动》，明确提出实施“‘职业教育4.0’框架倡议”。“职业教育4.0”由此进入政府政策文件。

从倡议本身而言，“职业教育4.0”是“工业4.0时代的职业教育”的简称，其核心内容是德国职业教育领域对“工业4.0”的人才培养创新和应对措施，重点是“变”。也就是说，德国的“职业教育4.0”是职业教育在面对“工业4.0”新形势下做出的培养模式的改变，以适应德国工业和经济界未来对职业人员的新需求为导向。

"职业教育 4.0"与职业教育 1.0、2.0 和 3.0 的区别在于："'职业教育 1.0'强调面向生活职业的传统职业品质，'职业教育 2.0'强调以专业领域专门化和基本教育为基础的专门化职业品质，'职业教育 3.0'强调在过程中独立负责的行动过程导向的职业品质，'职业教育 4.0'强调在数字化工作世界的经验导向和科学导向的拓展职业品质"。

二、职业教育 4.0 的内容

"职业教育 4.0"的核心内容是"职业教育中的数字化建设与发展"，包括以下几个方面：一是开发新的数字化解决方案，如灵活的学习与工作场所、综合信息管理平台、开放的教育资源；二是提升职教培训中学徒的数字化技能水平；三是支持企业参与数字化学习网络的构建，比如共同开发和利用数字化基础设施与技术资源。围绕核心内容，德国联邦教研部、联邦职教所等部门启动实施一系列具体项目和措施，以推进"职业教育 4.0"建设，并给予大量经费支持。

例如，面向未来"数字世界"的专业人才的资格与能力培训，该项目将于 2016—2018 年投入 275 万欧元，用于分析数字化对职业资格要求在数量和质量上的影响，从而更好预测未来资格需求，并为开发新专业及教学规范标准提供依据。再如，"促进跨企业培训机构及能力中心数字化"特别资助计划，2016—2019 年，总投入将达 1400 万欧元，旨在支持跨企业培训机构改善装备条件，开展教学改革创新，加快专业人才培养数字化。还有，"职业教育中的数字化媒体"项目，计划实施时间为 2012—2019 年，投入将达 1180 万欧元，目标是推进数字技术在职业教育领域的应用，提升现代化装备水平。

三、职业教育 4.0 的特点

（一）鼓励开发新的数字化解决方案

数字化是德国职业教育改革的重点方向，通过软硬件的开发，实现教学管理体系的标准化、规范化、精心化、一体化。特别是伴随着"工业 4.0"的发展，智能工厂、智能生产和智能物流的出现，使职业院校毕业生不再是繁重体力劳动者，技术技能人才也不再仅仅负责操作，而是成为生产过程监控员。在 3D 打印技术、虚拟技术广泛使用的智能工厂中，需要更多的数字化的解决方案。学习场所和工作场所更加灵活，知识转化与共享能力更加便捷，职教人才可以主动利用开放的教育资源、大数据，提出多种多样的个性化解决方案。

（二）提高学徒的数字化技能

德国已进入老龄化社会，这导致年轻技术群体逐渐缩小，加之德国青年一代上大学的愿望比以往任何时期都更为强烈，这使德国职业学校学生的综合素质面临巨大挑战。“工业 4.0”要求的诸如熟悉操控软件、掌握电脑编程知识和扩大系统生产知识的能力都对新一代就业者提出更高的要求。未来的工厂不再需要大量重复从事单一工作的简单劳动力，而是需要更多具有独立工作能力、抽象思考能力、自我组织和自主决策能力的高级“脑力型”专业人才。

因此，从德国目前已出现的双元制私立高校蓬勃发展这一情况看，“职业教育 4.0”一方面将会加大德国双元制高等教育培养专业技术人才的力度，另一方面也在不断加大对中等职业教育学生的数字化素质培训。联邦教研部对“职业教育 4.0”的资助也主要体现在“职业教育中的数字化媒体”项目中，其中的一个重要目的是增强学徒们的数字技能。联邦职教所表示：“经济发展 4.0 需要教育 4.0，我们需要加强数字化媒介的教与学，也需要加强培训人员和培训对象的数字化媒体能力和技术”。

（三）重视职教师资培训

“职业教育 4.0”下的师资不能再像以往那样，凭借掌握了一门教课的本领或一门技术就可以一劳永逸。信息时代和数字化生产的特点是更新换代速度更快，生产过程中出现的故障的排除需要比以往更多的综合知识。因此，职教师资必须与时俱进，具有解决现实生产问题的能力，如果“头脑老化”，必然无法适应职业教育的需求。

为此，德国各州文教部长联席会议（KMK）提出了《数字时代的教育》战略指导文件，将师资培训和进修作为核心工作。“职业教育 4.0”需要培训机构和参训企业具有高度的灵活性和应变性，传统职教模式下的教学大纲需要不断更新调整，课程内容和教学模块也需要不断变化，因此对师资培训的调整和优化需随时进行。目前，德国职教系统和参训企业已经在德国联邦教研部、联邦职教所的指导和资助下动态调整及优化教学内容，同时加强对职教教师的再培训。

（四）支持企业参与数字化学习网络的构建

校企合作是德国职业教育的特色，虽然根据《2017 年德国职业教育报告》的数据统计，实际开展双元制职业教育的企业比例微降，从 2014 年的 20.3%

降到2015年的20%，但企业参与职业教育的整体积极性仍然较高。除微型企业外，中小型及大型企业参与率均有所提高。

例如，博世公司计划结合数字化议题组织开展更多的培训活动，对员工进行有关平板电脑、网络、无线电等方面知识和技能的培训。员工不仅要学习应用技术，还要掌握相应的管理技术。以往那种钳工、焊工、车工等细小分类逐渐变得与“工业4.0”的生产不相适应，比如机电一体化的钳工已远远超过了普通钳工的含义，车辆技术从业者实际上是软件操作高手。按照“职业教育4.0”的愿景，未来的职业分类和定义将发生重大变化，信息技术运用、数字化操作将成为关键能力，对某一类职业的定义也会更加模糊。

四、职业教育4.0对我国的启示

改革开放以来，我国职业教育改革发展取得了巨大成就，中高等职业教育快速发展，职业院校基础能力显著提高，产教结合、校企合作不断深入，行业企业参与不断加强，中高职衔接呈现良好势头。但是，必须清醒地看到，我国职业教育仍然存在着吸引力不强、发展理念相对落后、行业企业参与不足、人才培养模式相对陈旧、基础能力相对薄弱等问题，且职业教育体系无法很好满足加快转变经济发展方式的要求。“他山之石，可以攻玉”，从德国职业教育多年的发展及“职业教育4.0”理念可以得到如下启示。

（一）加速数字化与信息化进程

推进信息化平台体系建设。将信息化作为现代职业教育体系建设的基础，实现“宽带网络校校通”“优质资源班班通”“网络学习空间人人通”的同时，加强职业院校信息化基础设施建设。重点建设具备多媒体互动教学功能的教学场所，构建理实一体的数字化实训环境。整合已有信息平台资源，加大职业教育慕课建设，实现资源共享，信息互联互通，将“互联网+”与装备制造业转型升级结合起来，以争取在大数据开放、虚拟技术应用方面达到国际先进水平。

（二）加强面向数字社会的人才培养

职业教育应围绕“中国制造2025”与智能制造领域密切相关的重点专业、特色专业，培养大批具有前沿专业知识、数字化操控能力的高素质人才，实现人机协同发展。按照《中国制造2025》的战略规划，完善多层次多类型人才培养体系，形成一支门类齐全、技术精湛的技术技能人才队伍。总体上，中国的“生产制造”正在向“生产智造”迈进，这也是第三次工业革命的主要的内容。譬如，机器人技术、人工智能以及 3D 打印在接下来也会成为工业生产的主流，这几项技术对从业人员的技术提出了更高的要求：从业人员要懂得机器人工作原理及流程、人机交互、3D 建模等技术。

（三）加快数字化专业课程体系建设

加紧用信息技术改造职业教育专业课程，使每一个学生都具有与职业要求相适应的信息技术素养，在专业课程中广泛使用计算机仿真教学、数字化实训、远程实时教育等技术。提高慕课的建设水平，将信息技术课程纳入所有专业，推动建设面向全社会的优质数字化教学资源库，形成开放型的学习文化。使人才既能应社会经济发展要求学习信息化技能，又能在共享开放的信息社会中更主动地提供解决方案。

7.2 人才培养方案设计

7.2.1 智能制造生产性服务人才培养模式

一、人才培养存在的问题

当前，我国制造业人才培养规模位居世界前列。但包括生产性服务在内的制造业人才队伍建设还存在一些突出问题：高技能人才总量不足，结构问题突出，人才断档现象严重，培养质量与效益不高，与我国经济社会发展需要相比还不适应。具体体现在如下几点：

（一）重点领域高技能人才不足

目前存在重点领域高技能人才缺乏的结构性矛盾。2016 年国家的《制造业人才发展规划指南》对制造业十大重点领域人才需求进行了预测：至 2025 年，新一代信息技术产业人才缺口将达 950 万人，智能制造领域人才缺口将达 450 万人。

（二）培养模式单一，复合型的创新人才紧缺

目前我国制造相关的高职教育专业设置以基础工业为主，以传统工业生产

的专业分工与岗位分工，确立了相应岗位群的人才培养目标和建立了相应的课程体系，培养的人才多以“精”“专”为主，而面对智能工业对人才能力需求涉及多领域、多行业、多环节，并涵盖多学科、多层次、多方面的知识和技能缺乏相对应的专业和人才培养体系，不利于培养适应中国制造 2025 对包含生产性服务在内的复合型人才需求的新要求。

(三) 教学模式单一，不利于创新型技能型人才的培养

首先，现在处于信息高速发展时代，设备更新换代快，而学校在实验室，特别是模拟企业真实生产环境的实训室的建设、教师知识和技能更新上跟不上社会发展的步伐；其次，我国目前高职院校虽然以“项目驱动、能力为本”的原则进行教学，但基本上以注入式为主的教学方法，学生围绕教师的讲授学习，考试也是知识及技能的再现，学生自主学习能力普遍不足；另外我国目前的高职教育更重视可量化、可目测的操作技能，而轻视问题解决能力、自主学习能力等隐性的、难以测量的技能，客观上造成高职院校毕业生能力结构单一及创新能力缺乏，无法满足智能工业时代对创新型人才的要求。

另外，学科专业设置趋同，教育内容陈旧。首先，相关学科专业设置缺乏多样性与选择性，高校之间专业设置的重叠现象明显，高职院校与综合性大学在专业人才培养上，难以体现学校的办学特色和行业特点。其次，新专业开设空缺，培养内容缺乏前瞻性，教学模式单一，课程体系设置缺乏系统性，无法跟上产业发展形势。最后，由于专业区分过于细化，缺乏新领域的跨学科方向设置，因而复合型创新人才培养跟不上实践及市场需求。懂信息化的，不懂智能化；懂智能化的，又不懂技术等。

(四) 校企合作存在的问题

“中国制造 2025”提出建设制造业强国目标，需要大量高素质、掌握最新技术技能的创新型人才给予支撑，急需职业教育的形态与时俱进地进行变革，所以现在的高职院校不能固守于封闭办学，而应加强学校与企业深度融合，虽然学校与企业在校企合作方面做了一定的尝试，在教师知识更新、技能培训与鉴定方面取得了一定程度的进展，但在“产学研”以及共同建立研发机构、创新教学模式、开发教学资源、校内外实训基地等方面的合作还非常欠缺。

可见，现有的劳动力体系和社会技术工厂体系已不能适应智能制造的发展需要，而目前的职业培训以及职业发展不适应智能制造对员工的要求。所以必须探索一种适合智能制造技术特点和人才能力特点的人才培养模式。

二、新型人才培养模式

新型的人才培养模式将基于智能制造生产性服务人才能力模型，贯彻“职教20条”和“工匠精神”的理念，落实“中国制造2025”人才培养与能力要求，培养掌握新一代IT综合新技术、具有行业知识和管理能力、新思想和国际视野的创新型服务人才。

人才培养模式作为高职教育与社会经济的接口，是增强职业教育社会服务能力的切入点。根据产业链的类型、特点构建新型专业人才培养模式。为使培养智能制造人才的教育目标与社会需要的人才相一致，生产性服务人才新型培养模式应做到以下几点。

（一）打破传统专业设置界限

智能制造时代智能制造技术的飞速发展，3D打印、工业机器人、工业云、工业大数据等新技术已经大量运用到生产制造和生产性服务中，为了更好地适应产业结构调整、工作岗位的新变化，职业院校需要重新对专业结构进行布局，开设与智能制造新兴领域和技术密切相关的专业。职业院校应紧跟时代发展趋势，专业设置打破传统界限，与智能制造企业的转型升级需求相对接，根据地方未来产业结构调整方向和趋势来设置、调整专业。

（二）多学科多学院共建服务专业模式。

因为智能制造生产性服务系统涉及射频识别、物联网、网络、移动通信、机器人、虚拟现实、大数据、云计算和网络安全等不同的专业技术领域，这些技术开设在不同的学院、系部与专业中，单靠一个专业是无法建成智能制造专业的，必须依托传统的机械工程、自动化、计算机、软件和通信等不同的院系和专业来共建设智能制造服务专业。

建议设置专业交叉互补的课程群，以跨学科、跨专业课程群组织教学，打造宽口径学科结构。课程设置满足制造业需求，学科间不同课程相互支持，实现专业优势互补。鼓励学校与企业间联合开课。实行跨专业选课，让学生根据个人兴趣、能力和专业学习方向，在课程组合、学习进度等方面享有选择权和自由度，自主决定每学期的学习量，实现“一人一培养方案”。

（三）引入现代学徒制，创新人才培养方式

现代学徒制人才培养的核心内容就是工学结合，充分发挥行业企业在人才培养中的主导作用，校企双方深度合作，双方共设专业、拟定目标、开发课

程、组织教学，通过师傅带徒弟的教学形式，师傅在真实的工作情境中对徒弟完成技术、技艺的传授，同时引入企业精细化管理文化、真实产品，强化对学生职业能力、技术素养、管理素质等方面的综合培养，有助于动手能力、专门技能的掌握以及工匠精神的重拾，在真实的工作环境下运用真实的生产设备生产真实的产品、服务真实的业务流程，提高人才培养与产业需求的匹配度，从而满足企业对高技能服务人才的需求。

（四）优化课程体系设计

智能制造对技术技能型人才职业能力提出的新要求，这就要求职业教育课程随之做出相应变化，专业教学的标准、课程标准要与现代化企业的职业标准相对接，才能提高人才对新兴产业的适应性。

结合专业群特点对课程体系进行优化，把课程体系分解为“专业核心课程模块+专业通用课程模块”课程模块。基本素质模块的课程除传统的职业、创新创业等课程外，无需单独开设，而是把这些知识和能力融入专业核心课及其实训中，这样才是最好的职业素养的培养方式。专业核心课程模块注重培养学生的专业核心技能，专业教学的标准、课程标准要与现代化企业的职业标准相对接，以提高学生毕业后对新兴产业的适应性。而生产性服务专业通用课程则主要包括智能制造涉及的主要技术、行业标准等内容，如物联网、大数据、数字机床和现代制造企业管理等相关课程，使学生了解智能制造的概念、相关新技术、制造模式及对未来人才的需求，具备智能制造专业基础知识，为职业能力的培养打下基础。

（五）智能制造企业参与产学研合作模式。

学院可以建立“学院+智能制造园区”“专业+大型制造企业”“专业+智能制造企业联盟”和“专业+智能制造行业协会”等几种典型产学研合作模式。

高端制造业的发展，迫切需要加强高校和企业的产学研合作，国内外成功的产学研合作经验充分证明，完善而紧密的合作机制是人才培养与科技成果转化成功的基本保证。长期以来，我国的产学研合作由于体制与机制等方面的原因，对于制造业人才培养、科技成果转化和产业竞争力的提升贡献并不明显。这就需要高职院校树立工程教育为制造业发展合作的意识，主动与企业加强对话，有效地参与产业化的整个过程，发挥高校的多学科综合优势，实现产学研优势互补。

（六）建立智能制造校内实训室

为了实现实习、实训、社会服务与面向智能工业等新兴产业“零距离”对接，学校可以根据数字化智能工厂为原型，聚合计算机、网络、移动通信等不同专业的实验室平台为基础，建立复合型智能工厂校内实验室。打破原来一个实验室建设服务一门课程、一个岗位能力的理念，建设复合型智能工厂和生产性服务实验室，使学生在一个实验岗位上能完成多门课程的实验，并能衔接完成智能工厂集网络交换设备、机器人、加工设备、传送设备、检测设备、智能通讯、计算机服务器、传感器、射频识别设备等硬件构建信息物联网；并通过上层的工业软件将整个系统连接成为一个高度集成的 CPS 网络，实现了人与机器之间、工件与工件之间、工件与机器之间的实时通讯以及协同工作，为大学教师及企业工程师对项目课题研究、学生科技技能竞赛、卓越工程师培养计划，实现教学与企业及产业“零距离”对接的复合型实验室。

（七）建设规划校外实习基地

因为智能制造涉及的业务、设备、技术和流程等不可能完全模拟出来，而且学校也承担不起高昂的建设成本，所以选择在现有校内实习基地的基础上，进一步拓展在智能制造企业中的校外实习基地。按照教学计划，定期选派学生到基地进行课程阶段的实训或实习阶段的生产类定岗实习。最终让“学得好”和“用得上”无缝衔接，让学生零距离就业。

（八）提高双师型师资队伍建设水平

目前，我国职业教育院校的教师多为不具有行业一线工作经验和实际专业技能的高校毕业生，难以教授专业技能，难以有效提高学生学习职业技能的积极性，更加难以根据智能制造的时代要求培养出合格的高技能人才。结合职业院校的教育目标，要求师资队伍既要懂专业技术知识，又要能示范、讲解、指导具体的实训操作，要大力培养既有理论教学经验，又有实践工作经验的“双师型”教师。为适应智能制造发展要求，提高职业院校师资队伍建设水平，应从以下几个方面着手解决：

（1）加强师资队伍培训力度，建立中外创新创业教育交流机制，聘请国内外知名大学教授、企业专家来学院授课，安排教师到企业挂职锻炼，鼓励教师参与社会行业的创新创业实践。

（2）引进企业高技能专家作为兼职教师，参与课程开发、实训基地建设、专业建设等教学环节，建立企业高技能人才与职业院校长效合作机制，校企合作共建“双师型”教师。

(3) 完善师资队伍考核评价体系，对技术水平高、创新意识强的骨干教师进行重点培养，鼓励教师参加各类国家技能比赛，以比赛促进技能水平的提高，以大赛名次作为考核依据之一。通过以上3种途径，不断提高师资队伍教学水平，建立一支技术水平高、创新意识强、结构合理、具有国际先进水准的“双师型”师资队伍，为培养面向智能制造的高技能人才提供保障。

(4) 针对职教师资的数字媒体与数字教学能力的培养，举办职教师资数字与数字教学能力培养创意大赛，开发针对职教师资媒体及媒体教学能力培养培训的方案与资源。将师资培养与继续教育作为教育数字化的重要工作领域，明确了数字化时代职业教育师资能力标准和要求

今天的高职教育需要畅想未来，需要教育创新，但更需要关注当下，思考不足，高技能人才培养质量并不一定能够用“特色”来实证，也不是靠质量“工程”的运动式建设“打造”出来的。这亟待我们基于人才能力的需求来审视相关人才培养方案的科学性，系统改进教学、实习等环节，焊接上人才培养与企业需求之间的缝隙。目前，“中国制造2025”顶层设计基本完成，已全面转入实施阶段。而生产性服务的研究和人才培养相对比较落后，高职院校应以时不我待的姿态抓好规划落实，及时调整人才培养目标和培养方向，打造世界一流高职院校，培养大批高素质复合型、技能型的生产性服务人才。

7.2.2 工业软件开发人才培养方案

工业软件作为面向新型工业装备的核心要素，是工业化和信息化融合的切入点和“黏合剂”，是我国工业转型升级的转换器和助推器，是现代工业发展的神经中枢，探究培养“中国制造2025”工业软件开发人才对于推动“两化”深度融合，加快工业转型升级，实现“中国智造”具有极其重要的意义。

一、工业软件开发人才培养现状及问题

目前我国开设智能制造的核心专业——工业软件开发专业的院校可谓凤毛麟角。由于教育部发布的高职高专教育指导性专业目录中没有“工业软件”专业，工业软件开发在高校只是作为专业方向。部分重点大学已经在做工业化软件开发人才培养的探索。比如哈尔滨工业大学软件学院效仿爱尔兰工业化软件人才的培养模式，着重于国际化办学方式、工业化教学内容，并引进了IBM、微软、CISCO等国际大公司的认证体系，取得了一定成效，但其强调的是工业化对软件人才培养的新要求；还有些高校开设了工业软件课程，但对高

职院校培养工业软件开发人才的借鉴意义不大。

由于工业软件开发是我国近年来新兴的技术，在课程及教材等方面的建设也比较滞后，无法满足教学所需。另外，师资力量不足也严重影响该领域的人才培养，绝大部分教师都是纯 IT 出身几乎不懂工业，缺乏工业软件开发的项目经验，理解并能综合运用 PLCopen 技术规范、工业 SCADA、离散制造业 MES 的师资就更少，造成高校老师在授课过程中对该专业领域的课程几乎不涉及。同时，与 PC 电脑的投入相比，工业设备的投入十分巨大，在计算机类专业中建立真实的企业级工业软件开发环境非常困难，学生开发、调试程序也就无法保证。

另外，高校院系划分过细也造成了工业软件开发人才实习、实训的困难。因此，虽然工业软件开发人才培养非常紧迫，潜在的市场也相当庞大，但由于工业软件编程标准进入我国的时间比较晚，绝大部分高校还未开设面向工业软件开发人才编程标准方面的课程，目前社会上的工业软件开发人才也是依靠自学或者相关培训机构培养出来的，数量有限，而且没有经过体系化的学习，缺少在实际项目中进行演练、操作机会，动手能力及实践能力都不能满足职场上的用人标准及要求，无法实现就业的无缝链接。

二、人才培养对策及路径

工业软件产业是国家“两化融合”政策和面向“中国制造 2025”的产物，其人才培养定位于既懂软件，又懂行业知识的复合型人才，强调软件技术与工业领域知识的复合交叉；其对实践设备、师资团队等教学条件均有较高要求，并且由于工业软件编程标准在国内推广时间尚短等等，对工业软件开发人才培养提出了巨大挑战。

1. 搭建工业软件开发人才培养校企协同育人平台

工业软件开发人才培养必须坚持走校企合作，协同育人模式。联合知名工业设备装备制造商及区域、地方先进制造业企业，搭建校企共同投入资金、场地、设备、人员等，具备“专业教学、实习实训、生产运营、社会服务”于一体的协同育人平台。设备装备制造商为学校专业提供职业认证体系、企业真实项目，制造业企业为学校学生提供实习机会、工作岗位和企业真实项目，学校为两者提供高技能工业软件开发人才和技术服务。

积极组织师生参与制造业企业项目研发和技术服务工作：一方面，提高教师的实践应用教学水平，实现育人的针对性和实效性，同时将帮助学生综合运用所学知识实现顶岗实习，锻炼学生职业岗位能力，为无缝进入职场做好充分准备。另一方面，合作企业真实工作环境提供给师生进行综合项目训练，可有效节省学校建设实验实训场地、设备的投资。企业可借助该平台的“企业真实项目”，平衡企业利益，降低用人成本，提高生产效益，实现生产过程与教学过程的对接，并能优先选择优秀学生为企业所用，实现人才供给的良性运作。

2. 构建工业软件核心课程模块

工业软件开发人才不但需要培养软件方面的知识，还要培养行业知识以及行业现场环境的应变能力，因此其岗位技能应围绕软件设计、通信协议、工业应用系统开发三大能力进行核心课程模块的设置。

目前工业软件设计基于 IEC 61131-3 标准的开发库进行编程，核心工作是针对个性化要求的产品对工业标准流程的一种定制，其对工业控制原理的掌握，对原创性技术开发的要求较低，更多的是要求学生对标准流程方法的熟悉。高职院校与行业研究所、先进制造企业进行深度合作，通过一段时间的训练即可让学生掌握基本的产品生产控制软件开发技术，成为合格的工业软件开发者。

工业软件还必须解决信息物理系统（CPS）无缝对接的问题，这就需要高职相关专业开设相关通信标准、通信协议课程。而工业适时以太网 EtherCAT 在保证可靠性的同时很好地解决了传统的串口通信、总线通信对信息的适时处理能力不强的问题，可以解决好工业现场层设备软硬件与控制层 MES 系统和管理层 ERP 数据适时的交互处理。另外，对通信协议特别是开放性较高的协议的学习也非常必要。OPC-UA 作为工业领域开放度最高的通信协议之一，开设通信协议与通信标准课程将大大增强学生的系统集成能力。

另外，高职工业软件开发人才还需掌握基于工业 MES 系统与工业 SCADA 系统应用与开发能力。MES 系统与 SCADA 系统是工业现场最重要的管理信息系统，学生对系统子模块的开发应用及相关子系统的系统集成能力的训练，将使得学生能在最快的时间熟悉专家工艺系统、生产流程等工业领域必须知识，学生毕业后可以在工业现场的相关岗位进行无缝对接，对整个行业相关工厂的管理信息系统进行全面的了解也有利于学生的终身发展。

3.“互培共聘”建设师资队伍

针对高校工业软件师资匮乏的现状，紧密联合合作企业，通过“互聘共培”“双岗双薪”创建双师素质育人团队，企业聘请教师担任工程师等兼职岗位，接收教师进入企业顶岗锻炼，提升专任教师科研及社会服务能力，解决教师工业领域生产经验积累和新技术应用等问题。专业遴选和聘用具有丰富项目开发经验的项目开发经理、技术骨干为兼职教师，对兼职教师考核并发放课酬，在实际教学中提高教学组织及教学能力，从而实现育人团队双师素质的培养，促进“产教融合”。同时，综合运用数字化、信息化手段培养工业软件教师队伍，构建新型教师培养环境。充分利用设备装备商、先进制造企业培训资料，通过 e-Learning 平台，开展包括点对点等远程培训，鼓励老师使用以教育云为依托的智慧培养环境，促进教师职业能力、职业素质的综合提升。

总之，工业软件开发人才是工业化与信息化融合的关键，针对两化融合的特点，高职院校应根据工业软件复合型应用人才的培养目标，结合工业软件核心岗位技能要求，积极探索新型复合型人才的培养模式，加快培养面向“中国制造 2025”的新型工业化要求的高技能人才。

7.2.3 智能制造运维人才培养方案

智能制造信息系统对新一代 IT 技术的要求势必改变现有人才培养模式，特别在实训和实习的环节，必须进行相应的改进和增强，特别需要高校与企业进行紧密合作，通过工作实习、生产环境培训、实训基地以及实践课程，将企业的实际需求贯穿于整个人才培养过程中。下面按几个方面设计了智能制造运维人才的实训与实习方面的方案。

一、基于运维实践的实践教学体系

为了强化学生实践能力的培养，贯彻做中学、做中教的要求，增加了学生的实训时间，体现了“强能力、复合型”的培养目标。实训教师通过外聘企业工程师进行指导，使实训内容更贴近企业需求。对学生完成的产品严格按照企业的质量标准检测。树立质量第一的意识。把学生实践从以前的主要以网络和软件系统为主的操作与运维能力增强为对“虚拟资源”“云平台”和“人工智能”等的运维领域实践。

二、建设开放创新实训平台

智能制造是信息技术与制造技术的深度融合，涉及信息技术、自动化技术、虚拟现实技术、物联网技术、大数据、云计算和人工智能等众多领域，跨越了多学科多领域，融合了各门新兴技术。而当前高职院校传统的实训基地运行模式是封闭式的，各学科与专业之间的实训室相对独立，无法满足智能制造对高技能人才培养的要求。建设开放式创新实训平台，是提升高技能人才培养水平的迫切需要，是创新以就业为导向、以职业技能为核心的人才培养模式的需要，是全面增强高职院校服务我国制造业升级转型的需要。

建设面向智能制造的开放创新实训平台，打通各相关专业的实训系统，，引入企业的真实运维环境，优化实训课程体系，确立高技能人才培养模式，完成平台的师资队伍建设、专业建设、教学条件建设、教学管理建设等任务，满足我国智能制造对高技能人才的培养要求。基于平台开展创新项目实训教学，通过思考问题、解决问题、设计解决方案、实训操作、质量检测等环节，培养学生自主设计、自主分析、自主制造、自主操作，提高学生动手、动脑、解决问题的实践能力。

三、校企合作共建实训基地

目前，以学校为主体的教育体系中，教学内容和数字化环境往往较为滞后，与我国的产业发展脱节，培养出的技能人才大多属于“半成品”，与制造企业的岗位技能需求不匹配。充分借鉴德国双轨制教育体系的运行模式，明确企业在技能人才培养的主体地位，逐步建立以企业为主导、政府监督、学校和企业联合培养的制造业技能人才培养体系，创新技能人才培养模式。

校企共建实训基地是高职院校利用企业的教学资源和教学环境，以培养企业需要的并达到岗位能力要求的高技能人才为根本目的的一种实践教学模式。也就是学校与企业合作，共同制定人才培养方案，充分利用学校和企业不同的教育环境与资源，将课堂教学与实践实习有机结合，从而培养适应企业发展的高技能人才。利益机制是推动校企合作发展的根本动力和良性运转的必要纽带，要建立校企合作利益驱动机制，进行机制创新。校企合作实训基地运作模式主要有以企业为主的“企业主导模式”、以学校为主的“学校主导模式”和以学校为主导，校企双方共同建设、管理的“校企合作管理模式”。以上 3 种运行模式各有特点，高职院校可根据实际情况及需求，建设不同模式的校企合作实训基地。选择合作企业，应充分考虑以下因素。

（1）合作企业是否具有智能制造时代特点，是否具有智能制造先进性。

（2）合作企业是否能够正确处理生产效益与教育效益之间的关系，学生的技能培训是否能够得到保障。

（3）合作企业利益是否得到保障，企业与学校是实验技术与管理是否能够实现双赢，校企合作是否能够可持续发展。校企合作不仅可以共建实训基地，还可以与企业共建技术工艺和产品开发中心、技能大师工作室等，打通教师和学生参与企业产品研发、专利申请、技术改造等技术技能积累和创新的渠道。

四、推进智能制造运维实训基地建设

射频识别、物联网、传感器、机器视觉、智能机床、云计算、3D 打印、可穿戴设备、大数据等是中国智能制造未来的关键。先进制造技术的发展日新月异，深刻改变了制造业的发展模式、管理模式、企业组织模式，从而导致对高技能人才需求的巨大变化。而当前我国高职院校实训基地仍以传统制造实训室为主，严重缺少以智能制造为特色的先进制造实训室，难以培养出先进制造业发展所需的高技能人才，成为我国先进制造业快速发展的重要制约。

智能制造实训基地应根据运维人才工作的能力要求重点建设以下实训室：工业机器人实训室、3D 打印机实训室、高端数控设备实训室、大数据实训室、物联网实训室、云计算平台实训室等。其中，工业机器人、人工智能和大数据等的应用是未来智能制造的重要组成部分，属于新兴领域，人才缺口巨大。通过这些实训室的建设，可以为智能制造企业培养会编程、会操作、会维护企业制造综合信息与自动化系统的高技能人才，为我国智能制造业发展弥补人才缺口。

7.2.4 智能制造物流人才培养方案

目前从中国制造行业供应链系统构建的总体情况来看，对智慧供应链物流认识不充分、缺少智慧供应链战略、物流信息化水平低、信息孤岛大量存在、专业人才缺乏等问题依旧十分突出。只有解决这些问题，才能有效加快智慧供应链物流系统的构建，推动智能制造尽快落地。

1. 提高对智慧供应链的认识，强化供应链战略

与发达国家相比，我国制造行业供应链系统的建设仍处于探索阶段，基础薄弱；与此同时，广大企业对供应链的本质认识不深，只知道智能制造是大趋势，却不知为什么要这样做，也不知道如何落地，更不要说从智慧供应链角度切入了。没有智慧供应链战略，没有明确的价值方向引导，使得我国的制造企业们在面向智能制造时困难重重。

因此，面对智能制造，制造企业需要加深对智慧供应链的理解，制定智慧供应链发展战略，明确个性化的供应链发展方向，如智慧化等级、客户服务的响应等级、产品的流转效率等，引领企业生产向智能化迭代升级，保证企业运营发展目标的实现。

2. 建设智能物流系统，提高物流信息化水平

面对智能制造，整个智慧供应链体系下的智能物流系统应该是智能化的物

流装备、信息系统与生产工艺、制造技术与装备的紧密结合。不过目前来看，制造企业的物流系统建设落后于生产装备建设，物流作业仍处于手工或机械化阶段，物流信息化水平不高，距离物流自动化、智能化还有很长的路程要走。

面对这些情况，制造企业需要不断强化智能物流系统建设，加强物联网技术、人工智能技术、信息技术以及大数据、云计算等技术在物流系统中的应用，提高物流信息化水平，实现整个物流流程的自动化与智能化，为智能制造和智慧供应链建设提供强有力的支撑。

3. 供应链上下游协同合作，打造智慧供应链平台

智慧供应链建设同样离不开供应链上下游企业的协同互动。当前，制造企业应该通过物联网、云计算等信息计算与制造技术融合，构建智慧供应链平台，实现与上下游企业的软硬件制造资源的全系统、全生命周期、全方位的联动，进而实现人、机、物、信息的集成、共享，最终形成智慧供应链生态圈。

4. 引进和培养专业的供应链人才

专业的供应链人才是智能制造和智慧供应链系统构建的关键。然而目前，多数制造企业不注重供应链人才的培养，很难具备充足的专业人才。

今后，企业的供应链系统建设需着重从人才建设角度出发，一方面，对现有的员工进行培训，使其掌握现代供应链系统构建的方法和知识，为供应链系统的构建提供保障；另一方面，要与各高校及科研院所进行深入合作，形成产学研用一体化的人才培养和引进模式，为智慧供应链系统的构建注入新鲜血液。

总之，智能制造需要制造企业供应链具备更智慧的能力，也对供应链体系里的物流系统提出更智能的需求。在这种大趋势下，制造企业需要与供应链上下游深度协同合作，加强互联互通，加快智慧供应链建设步伐，不断完善企业的智能物流系统，切实推动中国制造向智能制造转型升级。

7.2.5 智能制造会计人才培养方案

一、管理会计人才培养存在的问题分析

“中国制造 2025”战略的实施，对管理会计人才培养提出了多方面的要求，但从我国当前的会计人才培养现状来看，却存在如下三个方面的问题亟待解决。

（一）培养体系设计问题

我国当前以培养财务会计人才为主，偏向于培养学生的会计核算、财务分析等财务会计应用能力，如围绕财务会计开设《初级财务会计》《中级财务会计》《高级财务会计》等一系列课程。我国会计人才培养体系中，对于管理会计应用能力的培养非常不重视，即使是仅有的一门管理会计课程，其内容主要是以“成本”为中心，培养会计人员的成本核算、分析与控制能力，大多冠以《成本管理会计》的课程名称。但是，基于“中国制造 2025”战略实施的要求，管理会计人员具备成本管理能力仅仅是最基本的要求，以此作为人才培养的核心目标显然无法满足制造业转型升级的实际需要。对于培养初级管理会计人才来说，现有的培养目标和课程设置体系尚不能完全满足需求，而为制造业转型升级提供重要决策支撑的高级管理会计人才的培养，需要战略决策、全面预算、风险控制等多方面的综合知识。

（二）实践能力欠缺问题

会计学本身是一门应用性极强的学科，各高校在设计培养计划时贯穿了大量以会计核算为主的实践教学内容，包括会计手工实验和信息化软件应用，培养学生在财务会计方面的实践能力[8]。对于管理会计教学而言，课程本身的抽象程度比较高，存在较多的数学公式，理论课的学习难度相对较大。尽管部分高校也设置了《成本管理会计实验》课程，但由于实验内容与企业实际运营相去甚远，最终结果是即使学生获得了实践类课程的学分，对于管理会计的实际工作仍然陌生，最多只是有了一次团队合作开展案例分析的经历。制造业企业的生产业务流程复杂，要求管理会计实践能力培养与企业具体业务相结合，但不同行业间的业务流程差异较大，在培养过程中不可能面面俱到。因此，基于“中国制造 2025”战略实施的要求，如何结合制造业企业的生产流程，全面培养学生的管理会计实践能力，是我国当前会计人才培养亟需解决的重要问题。

（三）师资队伍不足问题

我国管理会计人才培养存在的另一个重要问题是师资队伍不足，高校教师队伍的来源往往都是从高校到高校，从本科、硕士、博士的连续学习再到直接就职于高校，知识结构主要来源于书本，较少具有行业从业经历。即使个别教师具备注册会计师、ACCA 等资格证书，对于企业实际经营情况的了解仍然十分有限，这和我国高校人才衡量体系中过度重视教师的科研产出有着必然联系。

一方面，教师招聘往往以应聘者的学术科研水平作为前提条件，将具备较高实践能力的教师排除在教师队伍之外。另一方面，财务会计领域比管理会计领域更容易出科研成果，绝大多数高档次学术期刊上发表的学术论文也都以财务会计为主，涉及管理会计的主题较少。因此，即使现有的师资队伍有意于从事管理会计领域的教学研究工作，也往往由于科研成果的限制难以获得公正合理的评价。显然，管理会计师资队伍的不足，必将影响到“中国制造 2025”战略实施过程中对于管理会计人才的有效供给。

二、“中国制造 2025”战略下的管理会计人才培养路径

基于“中国制造 2025”战略对于我国管理会计人才的能力要求和当前人才培养过程中存在的不足，我国应着重通过如下路径来完善人才培养体系，适应制造业转型升级过程中对于管理会计人才的大量需求。

（一）完善培养体系

完善人才培养体系是提升我国管理会计人才培养质量最为关键的路径。首先，应树立财务会计与管理会计并重的人才培养目标。在制造业转型升级过程中，需要更多的高级管理会计人才为企业的发展战略、风险管控提供更专业性支持，会计人才培养方向应与市场需求高度契合。其次，在课程体系设计上应实现财务会计与管理会计并重。在当前管理会计课程比重偏低的现实条件下，应逐步加大管理会计课程的比重，探索建立初级、中级、高级层次分明的管理会计课程体系。最后，基于“中国制造 2025”战略实施的现实需要，开设会计学专业的工科院校应着重加强会计专业学生的工程能力培养，如工业制图、金工实习等，使学生具备基本的工程能力素养，并形成自身的人才培养特色。

（二）创新培养方式

管理会计与企业生产经营的联系密切，需要通过创新人才培养方式，着重加强学生的实践应用能力培养。首先，加强管理会计案例教学。管理会计知识体系本身比较枯燥，只有通过实践应用才能更好地理解掌握，因此在教学过程中应注重案例教学，加强制造业企业的管理会计案例开发。

其次，促进管理会计的产学研合作共赢。管理会计知识体系的发展与产业发展联系密切，各高校在管理会计人才培养时应加强产业间合作，在促进产业发展的同时也为学科发展创造更广阔的空间。国内高校在这方面已经做了许多努力，如中央财经大学 2014 年成立中国管理会计研究与发展中心，其目标是

帮助研究者和教育工作者更好地理解企业管理会计实践，并将研究成果带入课堂，促进管理会计的产学研合作。最后，应注意高层次管理会计人才的培养。除了培养本科层次的管理会计人才外，有条件的高校应加强研究生层次的管理会计人才培养，如增加 MPAcc 的管理会计方向等，通过实践与研究相结合的方式促进人才培养质量的提升。

（三）壮大师资力量

强大的师资队伍是满足“中国制造 2025”战略对于管理会计人才需求的重要保障，各高校应通过教师队伍的存量与流量改革，壮大管理会计师资力量。首先，应鼓励教师开展管理会计的教学和科研工作，将教师在产学研合作中的贡献纳入到业绩评价体系中，在实践应用中全面提升教师的管理会计教学能力和实践能力，并积累中国经济制度环境下的管理会计案例。其次，鼓励青年教师到企业中挂职锻炼，使从事理论教学的教师能有更多的机会了解企业的实际运营情况，尤其是像制造业等生产运营流程复杂的行业。最后，应建立规范的业界兼职教师授课制度。工作在管理会计一线的资深从业人员往往具备丰富的管理会计经验，各高校在培养应用型管理会计人才时，可以聘请部分管理会计业界专家进行授课，并建立长效合作机制。

（四）加大管理会计课程与实训体系建设

目前高职院校开设有《管理会计》相关课程，但由于课程繁多、时间紧张，大多是安排在学生毕业前的一个学期讲授。课程的种类相比于财务会计等相关课程也较为单一，也缺乏相应的实训、实习课程。从各省及全国组织的会计类技能竞赛和行业类竞赛的考察内容来看，管理会计的比重与分值也在逐步提高。所以，高职院校必须重视管理会计的理论与实践培养，平衡其他课程与管理会计课程的投入。通过与其他院校交流经验，可以在结合本校实际的情况下，设置《公司战略与风险管理》《企业内部控制》等课程及相关的实训室。加大管理会计课程与实训体系建设，为培养新形势下管理会计人才提供强大后盾。

（五）加强管理会计师资培训力度

强大的教师团队是实施管理会计人才培养的基石。而目前各高职院校财务会计方向的教师居多，管理会计方向的教师较少，对于管理会计的教学研究及项目也较少。所以，为避免“闭门造车”以及“行之不易”这种现象出现，高职院校应该加强管理会计师资培训力度。具体可以从两个方面努力：（1）

鼓励教师到企业进行管理会计相关实践；（2）积极参与行业学会组织的提升培训。

（六）建立与完善管理会计人才评价指标

在传统模式下，人才评价的量化指标大多是通过学生就业率以及对口就业程度来体现。这些指标可能更注重对人才输送的数量进行评价，但对人才质量的评价效果不明显。在实现制造强国的紧要关头，高职院校不仅需要输送大量的管理会计专门人才，还要保证输送的人才是国家、行业、企业急需的高质量人才。本文建议，高职院校可以通过学生管理会计职业证书的获取、技能大赛获奖等方面对在校学生进行人才质量评价，通过毕业生就业质量、薪资水平、提升程度等方面对已就业学生进行人才质量评价。

管理会计人才培养的目标可由高职院校与合作企业共同制定；课程体系上，则需要加强管理会计课程设置，平衡其他课程与管理会计课程的投入；师资方面，鼓励和支持教师参加企业实践与提升培训；在人才评价方面，可以从数量和质量两种角度对已就业和未就业人才进行综合评价。

7.2.6 智能制造工业设计人才培养方案

我国工业设计专业于20世纪80年代由国外引入，被正式列入国家教育部专业目录，与此同时对于艺术类和理工类工业设计教育的争论从未停止。在“大设计观”工程教育的发展趋势下，在“中国制造2025”成为国家战略的情况下，工业设计专业如何培养新时代的工业设计人才成了热点课题。

一、制定合理准确的人才培养目标

专业人才培养目标是专业培养方案的首要内容，体现了专业教育的目的，为毕业要求、课程目标和课程体系等的制定提供方向和指导。培养目标应该具有合理性、准确性。合理性指符合学校定位、适应社会经济发展需要；准确性指培养目标能反映学生毕业后5年左右在社会与专业领域预期能够取得的成就。

（一）合理性

合理性专业人才培养应符合社会需求。在国家层面，中国正处在由制造大国向创造大国的转型期；各种制造业都需要通过设计来进行创新。《中国制造2025》提出，要提高创新设计能力。在传统制造业体系基础上，建设完善创

新设计生态系统。建设若干具有世界影响力的创新设计集群，培育一批专业化、开放型的工业设计企业，鼓励代工企业建立研究设计中心，向代设计和出口自主品牌产品转变。

（二）准确性

从智能工业设计人才能力模型来看，就业职务主要为产品设计师、平面设计师、虚拟现实交互设计师。设计师需要具有较高的设计水平，应该具备的能力包括具有比较深厚的人文素质、艺术素质和工程技术素质；具有对设计的执着追求热情；有宽阔的视野和较强的设计思维能力；对设计领域常用的软件，掌握得比较好；具有团队精神和合作能力；有较强的自学能力。以上人才能力需求预测通过实际调研得出，人才培养目标具有准确性。

（三）工业设计专业培养目标

工业设计专业培养目标由以上分析，培养目标为培养掌握现代工业设计理论与方法，具有较强的创新意识、设计思维能力和熟练应用计算机辅助设计的设计创意表达能力，能够从事产品设计、信息艺术设计、视觉传达设计和展示设计等职业的创新型、应用型、合作型设计人才。在注重培养学生掌握工业设计基本理论和方法的同时，要加强其在创新创意方面的实践和动手能力，如分析设计问题、提出多种设计构想和设计表达等方面的实际能力。毕业生具有一定的产品开发、设计、组织、管理能力，可到 IT 企业、现代制造企业、传媒业等单位从事设计、工程、策划和宣传等工作。

二、构建应用型实践教学体系

实践教学体系设置的指导思想是：系统性——系统地支撑毕业要求，注意理论与实践相结合，培养动手和创新能力；落地性——符合学校实际情况，具有可操作性、达成度高；实战性——与企事业的一线设计师交流、合作，与实习、就业相对接。

工业设计专业的实践教学体系主要包括课程实验、开放性实验、课程设计、生产实习、毕业设计、科技创新、社会设计竞赛。实践教学注重推进与企业合作，加强学生的社会实践。教师参与指导大学生创新实践活动，部分项目带领交叉学科的学生进行创新性设计，让学生了解学科前沿的发展动态，而且在设计研究过程中激发潜力，挖掘学生的开拓创新精神，培养沟通能力、团队合作能力，提高创造性思维能力。教师认真指导学生参加设计竞赛，获得了良好的成果。参赛的学生面广，收益多。学生在参赛过程中提高了理论联系实际及解决实际问题的能力，而且获得了奖项，极大地提高了学习氛围、学习积极性。学生在设计竞赛中获奖，也提高了本专业在行业中的声誉。

三、虚拟现实技术在工业设计专业人才培养中的应用模式

借助虚拟现实的高度可控性与真实的用户体验效果，教师可以开展崭新的概念学习、技能训练和协作学习模式。教师应以学生为本，采用针对性强、个性突出的教学策略和教学活动，因材施教。在虚拟技术的帮助下，学生可以开展新知识和专业技能的学习，还可以根据自己的需要、爱好和能力进行兴趣性学习、补偿式学习、验证性学习，从而实现真正的自主学习。虚拟现实技术在工业设计专业人才培养中的作用，有以下几个方面。

（一）虚拟实验和演示

在教学过程中，借助虚拟现实技术，学生可以开展各种实验。如，针对产品结构的合理性测试，受力情况下或在极端条件下的稳定性测试。

（二）数字场景漫游

虚拟现实具有沉浸性和交互性，可用于空间展示设计、产品展示的环境搭建等方面。

（三）技能训练

学生可以在虚拟的环境中实现角色扮演，从而全身心地融入虚拟学习环境，通过各种技能训练，提高实践能力。此外，由于虚拟的环境没有任何危险，学生可以安全、反复地训练，直到完全掌握。通过三维建模、材质制作、演示动画设计、虚拟交互开发等一整套的制作，人们可实现基于电脑的虚拟产品开发与展示系统。教师可建立一种声像立体全息的表现形式，给予学生视、听、触觉多方位的感官刺激，使得产品开发与教学流程更有表现力和吸引力，将廉价、可行、实用的虚拟现实技术学融入工业设计教学，开启情境式教学，提升工业设计类课程教学质量。对于工业设计专业来说，这种沉浸式的用户体验感有助于设计过程中的模型构造、材质设定和交互式动画演示，这种实时交互的操作方式也有利于工业设计专业的学生实现虚拟的技能训练和协作学习。

工业设计创新人才培养模式以培养目标为核心，开展专业课程体系建设、实践教学体系建设，从各方面支持培养目标的实现。构建实践教学体系，以注重校企合作、实践应用型为特色。

7.3 课程体系开发

7.3.1 基于工作过程的课程体系开发

根据戴士宏编写的《高职教改课程教学设计案例集》，典型的工作过程一般有“明确任务，制定计划，实施计划，检查控制，评定反馈”六个普适性的工作过程结构。从要素上看，每一工作都包含着劳动者、工作对象、工作工具、工作方法和工作产品等工作过程要素。每个职业之所以能成为一个职业，是因为它与其他职业相比，具有独特的工作过程结构和工作过程要素。要做好一项工作，需要经历完整的“工作过程结构”，需要持续优化特定的“工作过程要素”。本书建立的生产性服务人才能力模型即是按照典型的工作过程的方式来组织能力项的。

“以职业能力培养为重点，与行业企业合作进行基于工作过程的课程开发与设计”，“以真实工作任务及其工作过程为依据整合、序化教学内容”是职业教育的基本要求。工作过程系统化课程继承和创新过去改革的经验和成果，契合了职业教育作为新的教育类型的特征，代表着当前职业教育课程改革的主流方向，成为了我国职业教育课程改革实践的热点。

表 7-1 描述了基于工作过程的课程开发的流程。从表中可见，第一步需要根据专业对应工作岗位及岗位群实施典型任务分析，确定对象工作岗位的工作任务；第二步根据能力复杂程度整合典型工作任务形成综合能力领域；第三步根据认知及职业成长规律递进重构行动领域转化为课程；第四步根据完整思维及职业特征分解学习领域为主题单元。

表 7-1 基于工作过程的课程开发详细流程

阶段名称	主要目的	主要内容	主要方法
1. 专业培养目标定位	确定本专业的培养目标：毕业生就业岗位和发展岗位；专业能力、社会能力、方法能力 初步确定企业参与本专业人才培养工作的形式（工学结合模式）	了解本专业在全国及本地区的人才需求、相关岗位设置 了解相关职业资格证书的要求 了解相关专业的本科和中职教育情况 了解企业参与人才培养工作的愿望、想法和经验等	问卷法 访谈法 座谈会 文献查阅法
2. 典型工作任务分析	确定某一职业（群）包含哪些的典型工作任务（一般 10~20 个），以及完成这些典型工作任务必须的职业能力（工作步骤）	基本确定本专业从事的典型工作任务、工作内容和形式、工作过程、工作方法和使用工具 确定完成这些典型工作任务必须的职业能力（本专业培养目标的能力模型）	实践专家工作分析会 关键事件分析法 工作日志分析法 问卷法 工作观察
3. 课程体系确定	确定课程体系 确定课程的顺序 确定课程学时	把典型工作任务转换为学习领域课程 有传统课程、学习领域课程构成课程体系	
4. 学习领域课程设计	完成学习领域课程方案	对典型工作任务进行描述 对学习目标进行描述 确定学习与工作内容 确定学时要求 研究教学方法与组织形式 确定学业评价方式	教学论加工 实践专家工作分析会

工作过程导向的课程方案（课程名称），是一个由职业能力描述的学习目标、工作任务陈述的学习内容和实践理论综合的学习时间（基本学时）三部分构成的学习单元。

课程设计实现的三个转变，职业教育的课程开发必须打破传统学科系统化的束缚，将学习过程、工作过程与学生的能力和个性发展联系起来，实现以下三个转变：

（1）在主观上将职业工作作为一个整体化的行为过程进行分析，而不是具体分析“点状”的缺乏有机联系的知识点和技能点或能力点。

（2）在培养目标中强调创造能力（设计能力）的培养，而不仅仅是被动地适应能力的培训。

（3）构建“工作过程完整”，而不是“学科完整”的学习过程。

实现这三个转变，职业教育才能让学生获得综合的职业能力，并保证与职业相关的经验、知识和技能在结构上系统化。

7.3.2 智能制造工业软件开发专业课程体系

基于智能制造工业软件开发人才能力模型，工业软件开发专业课程体系应以工业软件开发技能应用能力为主线进行构建，从能力培养目标层次把握课程内容的分配与实施。通过由企业专家参与的专业指导委员会分析本专业的职业岗位及能力要求，构建以工业软件开发技能为主线、智能制造系统与技术为支承的“模块化、进阶式、创新型”专业课程体系。结合行业、企业标准，制定专业课程标准，以本专业毕业生就业岗位及职业能力要求为核心，根据工作任务的系统性和学生职业能力的形成规律，按照由易到难、循序渐进的原则，同时充分考虑教学的可实施性，开发、整合课程，形成由素质平台课程、专业平台课程、专业核心课程和专业实践课程组成的课程体系（见图 7-1）。

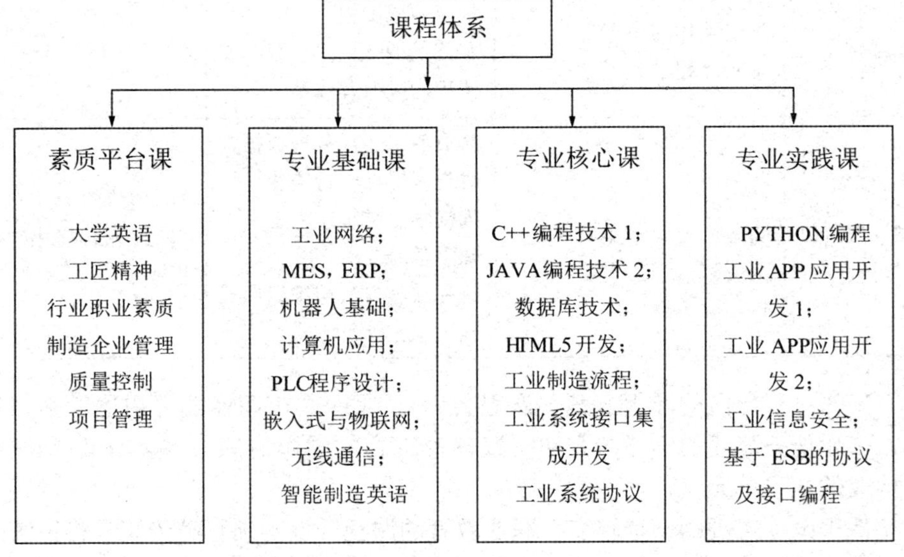

图 7-1 工业软件开发专业课程体系之一

智能制造带来的技术转变、生产过程的转变，使工业软件开发专业课程结构趋于综合化、集成化。该类课程在教学中的特点是：以工业软件开发、实操为主线进行分模块、分阶段教学。将教学内容分为几个工业软件开发题目，按照讲授-实训-实习的过程完成相关理论知识的讲授及实践能力的训练。

表 7-2 是按照工业软件开发人员能力模型的四大能力域分三个学年划分的课程体系。

表 7-2　课程体系之二

学年/课程名称	第一学年	第二学年	第三学年
学习领域 1，职业素养	工匠精神 校内实训	校内实训 校外实习	校外实习、顶岗实习
学习领域 2，专业英语能力	基础英语 校内实训	智能制造专业英语 校内实训	校外实习、顶岗实习
学习领域 3，专业工业软件开发技能	制造行业职业素质 制造企业管理 质量控制 工业网络； MES，ERP 制造信息系统设计与功能； 机器人基础； 计算机应用； PLC 与程序设计； 嵌入式与物联网； 无线通信	C/C++编程技术 1； JAVA 编程技术 2； PYTHON 编程技术 3 数据库技术； HTML5 编程技术； 工业系统接口开发 工业系统协议； 基于 ESB 的协议及接口编程； 工业 APP 应用开发	校外实习、顶岗实习
学习领域 4，行业与管理能力	工业制造流程； 工业企业管理	工业信息安全 质量控制	校外实习、顶岗实习

7.3.3　智能制造系统运维专业课程体系

基于智能制造运维人才能力模型，运维专业课程体系应以运维技能应用能力为主线进行构建，从能力培养目标层次把握课程内容的分配与实施。通过由企业专家参与的专业指导委员会分析本专业的职业岗位及能力要求，构建以运维技能为主线、智能制造系统与技术为支承的“模块化、进阶式、创新型”

专业课程体系。结合行业、企业标准，制定专业课程标准，以本专业毕业生就业岗位及职业能力要求为核心，根据工作任务的系统性和学生职业能力的形成规律，按照由易到难、循序渐进的原则，同时充分考虑教学的可实施性，开发、整合课程，形成由素质平台课程、专业平台课程、专业核心课程和专业实践课程组成的课程体系（见图 7-2）。

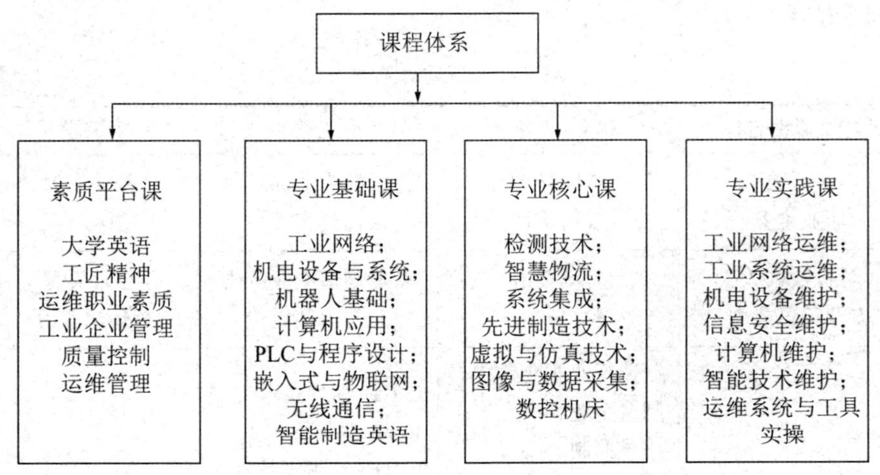

图 7-2 课程体系之一

智能制造带来的技术转变、生产过程的转变，使运维专业课程结构趋于综合化、集成化。该类课程在教学中的特点是：以运维、实操为主线进行分模块、分阶段教学。将教学内容分为几个运维题目，按照讲授—实训—实习的过程完成相关理论知识的讲授及实践能力的训练。

表 7-3 是按照运维人员能力模型的四大能力域分三个学年划分的课程体系。

表 7-3 课程体系之二

学年/课程名称	第一学年	第二学年	第三学年
学习领域 1，职业素养	工匠精神 校内实训	校内实训 校外实习	校外实习、 顶岗实习
学习领域 2，专业英语能力	基础英语 校内实训	智能制造专业英语 校内实训	校外实习、 顶岗实习

续 表

学年/课程名称	第一学年	第二学年	第三学年
学习领域 3，专业运维技能	工业网络； 工业设计； 机电一体化； 智慧物流； 机器人实操； 计算机应用与操作； PLC 与电器控制； 嵌入式与物联网； 无线通信； 先进制造技术； 虚拟与仿真技术； 系统集成； 图像与数据采集； 数控机床	工业网络运维技术； 工业系统运维； 机电设备维护； 机器人运维； 计算机运维； 智能技术运维； 主要运维系统与工具的应用与操作； 检测技术； 工业云与虚拟资源运维 人工智能系统与大数据运维； 信息安全运维	校外实习、顶岗实习
学习领域 4，行业与管理能力	ITIL 运维过程 工业企业管理	ISO27001 信息安全管理体系；质量控制	校外实习、顶岗实习

7.3.4 智能制造物流专业课程体系

基于智能制造物流人才能力模型，智能物流专业课程体系应以物流技能应用能力为主线进行构建，从能力培养目标层次把握课程内容的分配与实施。通过由企业专家参与的专业指导委员会分析本专业的职业岗位及能力要求，构建以物流管理技能为主线、智能制造系统与技术为支承的“模块化、进阶式、创新型”专业课程体系。结合行业、企业标准，制定专业课程标准，以本专业毕业生就业岗位及职业能力要求为核心，根据工作任务的系统性和学生职业能力的形成规律，按照由易到难、循序渐进的原则，同时充分考虑教学的可实施性，开发、整合课程，形成由素质平台课程、专业平台课程、专业核心课程和专业实践课程组成的课程体系（见图 7-3）。

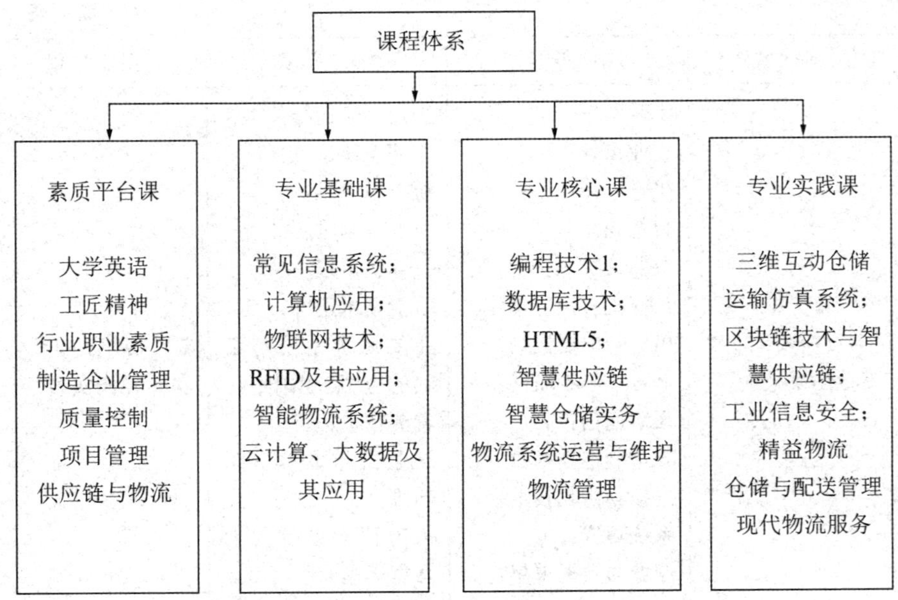

图 7-3 课程体系之一

智能制造带来的技术转变、生产过程的转变，使智能物流专业课程结构趋于综合化、集成化。该类课程在教学中的特点是：以智能物流实操为主线进行分模块、分阶段教学。将教学内容分为几个运维题目，按照讲授-实训-实习的过程完成相关理论知识的讲授及实践能力的训练。

表 7-4 是按照智能物流人员能力模型的四大能力域分三个学年划分的课程体系。

表 7-4 课程体系之二

学年/课程名称	第一学年	第二学年	第三学年
学习领域 1，职业素养	工匠精神 校内实训	校内实训 校外实习	校外实习、 顶岗实习
学习领域 2，专业英语能力	基础英语 校内实训	智能制造专业英语 校内实训	校外实习、 顶岗实习

续 表

学年/课程名称	第一学年	第二学年	第三学年
学习领域 3，专业运维技能	大学英语 工匠精神 行业职业素质 制造企业管理 质量控制 项目管理 供应链与物流 常见信息系统； 物联网技术； RFID 及其应用； 智能物流系统； 云计算、大数据及其应用	数据库技术； HTML5 编程； 智慧供应链、智慧仓储管理实务 物流系统运营与维护 物流管理 三维互动仓储、运输仿真系统； 区块链技术与智慧供应链； 仓储与配送管理	校外实习、顶岗实习
学习领域 4，行业与管理能力	工业企业管理 计算机应用；	精益物流 信息安全	校外实习、顶岗实习

7.3.5 智能制造管理会计专业课程体系

基于智能制造管理会计人才能力模型，管理会计专业课程体系应以管理会计技能应用能力为主线进行构建，从能力培养目标层次把握课程内容的分配与实施。通过由企业专家参与的专业指导委员会分析本专业的职业岗位及能力要求，构建以管理会计技能为主线、智能制造系统与技术为支承的“模块化、进阶式、创新型”专业课程体系。结合行业、企业标准，制定专业课程标准，以本专业毕业生就业岗位及职业能力要求为核心，根据工作任务的系统性和学生职业能力的形成规律，按照由易到难、循序渐进的原则，同时充分考虑教学的可实施性，开发、整合课程，形成由素质平台课程、专业平台课程、专业核心课程和专业实践课程组成的课程体系（见图 7-4）。

智能制造带来的技术转变、生产过程的转变，使管理会计专业课程结构趋于综合化、集成化。该类课程在教学中的特点是：以管理会计、实操为主线进行分模块、分阶段教学。将教学内容分为几个管理会计题目，按照讲授-实训-实习的过程完成相关理论知识的讲授及实践能力的训练。

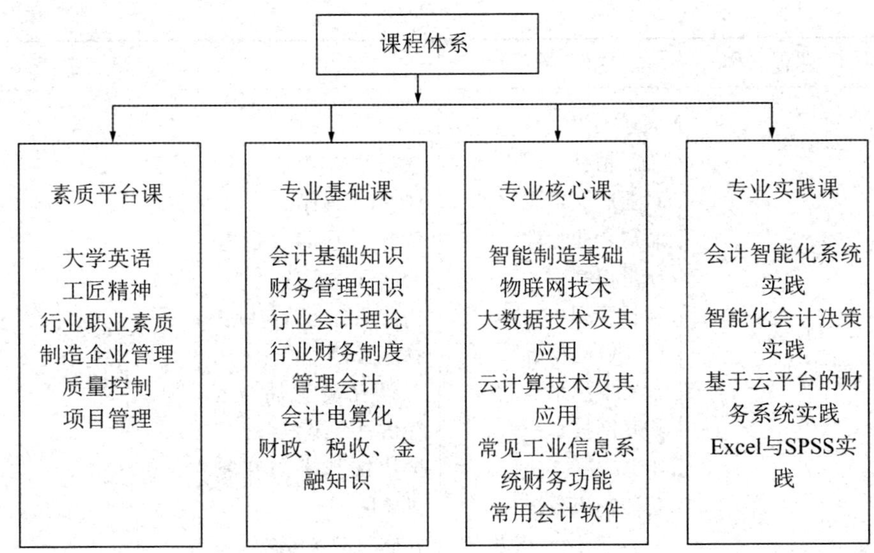

图 7-4 课程体系之一

表 7-5 是按照管理会计人员能力模型的四大能力域分三个学年划分的课程体系。

表 7-5 课程体系之二

学年/课程名称	第一学年	第二学年	第三学年
学习领域 1, 职业素养	工匠精神 校内实训	校内实训 校外实习	校外实习、 顶岗实习
学习领域 2, 专业英语能力	基础英语 校内实训	智能制造专业英语 校内实训	校外实习、 顶岗实习
学习领域 3, 专业管理会计技能	大学英语 工匠精神 行业职业素质 质量控制 项目管理 会计基础知识 财务管理知识 行业会计理论 行业财务制度 管理会计 会计电算化	智能制造基础 物联网技术 大数据技术及其应用 云计算技术及其应用 常见工业信息系统财务功能 会计智能化系统实践 智能化会计决策实践 基于云平台的财务系统实践 Excel 与 SPSS 实践	校外实习、 顶岗实习

续 表

学年/课程名称	第一学年	第二学年	第三学年
学习领域4，行业与管理能力	工业企业管理 国家财政、税收、金融政策	工业信息安全 行业知识	校外实习、顶岗实习

7.3.6 智能制造工业设计专业课程体系

基于智能制造工业设计人才能力模型，工业设计专业课程体系应以工业设计技能应用能力为主线进行构建，从能力培养目标层次把握课程内容的分配与实施。通过由企业专家参与的专业指导委员会分析本专业的职业岗位及能力要求，构建以工业设计技能为主线、智能制造系统与技术为支承的“模块化、进阶式、创新型”专业课程体系。结合行业、企业标准，制定专业课程标准，以本专业毕业生就业岗位及职业能力要求为核心，根据工作任务的系统性和学生职业能力的形成规律，按照由易到难、循序渐进的原则，同时充分考虑教学的可实施性，开发、整合课程，形成由素质平台课程、专业平台课程、专业核心课程和专业实践课程组成的课程体系（见图 7-5）。

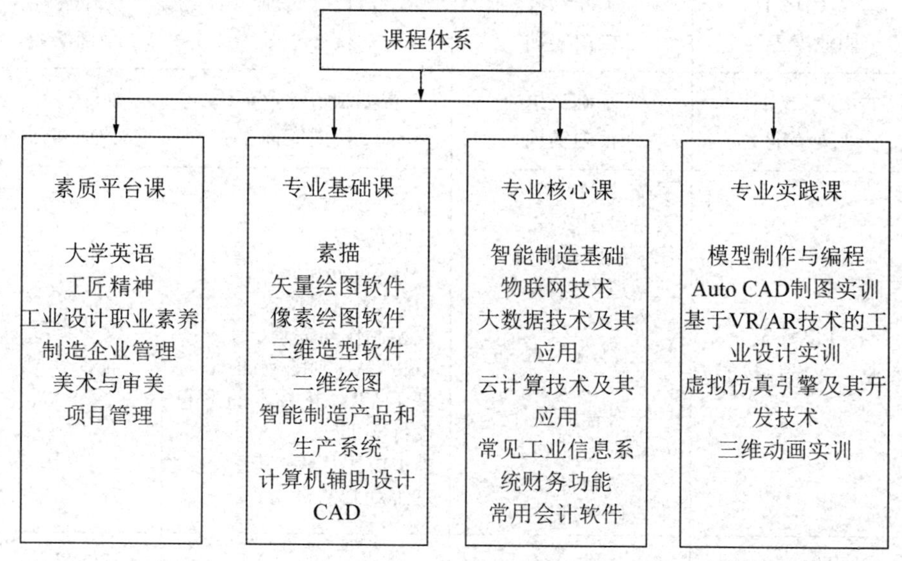

图 7-5 课程体系之一

从知识、能力和素质角度，本课程体系又可以分为通识教育理论课、学科基础教育理论课、专业教育理论课和实践环节四大部分。通识教育课程主要包含相关的理工类、社科类，和体育、外国语、计算机应用教育等课程，旨在提高学生的工程意识、人文意识、责任意识等。在学科基础教育理论课部分，强调了厚基础、宽口径、重创意、工科特色。体现创意特色的设计基础和思维训练从第一学期贯穿到第三学期；体现设计能力的设计技法和表现的训练从第二学期持续到第四学期；体现工业制造特色的课程如工程制图、机械设计基础和电工电子学、金工实习等课程从第一学期持续到第四学期。专业教育理论课部分，通过产品、视觉传达、媒体交互、设计理论四大课程群，提供给学生产品或媒体专业方向的选择，内容丰富，同时又具有灵活性。在专业课中同样注重理论与项目的结合。注重感性艺术方法与理性科学设计方法的结合，加强学生原型创新设计能力的培养。突出高职工业设计教育整合交叉创新的特点。实践环节要四年不断线，配合课程进行训练，也结合企业或设计竞赛进行，以加强学生的实战能力、沟通协调能力、合作能力等。

表 7-6 是按照工业设计人员能力模型的四大能力域分三个学年划分的课程体系。

表 7-6 课程体系之二

学年/课程名称	第一学年	第二学年	第三学年
学习领域 1，职业素养	工匠精神 校内实训	校内实训 校外实习	校外实习、顶岗实习
学习领域 2，专业英语能力	基础英语 校内实训	智能制造专业英语 校内实训	校外实习、顶岗实习
学习领域 3，专业工业设计技能	素描 矢量绘图软件 像素绘图软件 三维造型软件 二维绘图 智能制造产品和生产系统 计算机辅助设计 互动程序基础 网络动画与交互 工业设计理论	数据库库技术 三维动画编程 (3D Automation) VR/AR 编程技术 模型制作与编程 Auto CAD 制图实训 基于 VR/AR 技术的工业设计实训 虚拟仿真引擎及其开发技术 三维动画实训	校外实习、顶岗实习
学习领域 4，行业与管理能力	工业企业管理	工业行业知识	校外实习、顶岗实习

参考文献

[1] 国家制造强国建设战略咨询委员会．中国制造 2025 蓝皮书［M］．北京：电子工业出版社，2017.

[2] 工业和信息化部、国家标准化管理委员会．国家智能制造标准体系建设指南［M］．2015.

[3] 杨以文．生产性服务业对战略性新兴产业发展的作用机制研究［M］．北京：经济科学出版社，2017.

[4] 陈明．智能制造之路数字化工厂［M］，北京：机械工业出版社，2016.

[5] 国家制造强国建设战略咨询委员会．服务型制造［M］．2016.

[6] 何强，李义章．工业 APP：开启数字工业时代［M］．北京：机械工业出版社，2019.

[7] 李鹏．IT 运维之道［M］．北京：人民邮电出版社，2015.

[8] ［德］比吉特·沃格尔—霍伊泽尔（BirgitVogel-Heuser）．德国工业 4.0 大全第 3 卷：智能物流技术［M］．北京：机械工业出版社，2019.

[9] 殷宏，綦秀利，廖湘琳等．虚拟现实技术与应用［M］．北京：国防工业出版社，2018.

[10] 工业互联网产业联盟工业大数据特设组．工业大数据技术与应用实践［M］．北京：电子工业出版社，2017.

[11] 李杰，邱伯华，刘宗长等．CPS 新一代工业智能［M］．上海：上海交通大学出版社，2017.

[12] 小特雷弗 A．罗伯茨．DevOps 实战：VMware 管理员运维方法、工具及最佳实践［M］．北京：机械工业出版社，2016.

[13] 杨戭，王剑萍编．会计信息化——财务链管理系统［M］．北京：经济科学出版社，，2019.

[14] 戴士弘，职教院校整体教改［M］．北京：清华大学出版社，2012.

[15] 秦杨勇．能力素质模型［M］．福建：鹭江出版社，2009.

[16] 廖庆梅，刘海云．生产性服务业外包对中国制造业分工地位的影响——

基于全球价值链视角的分析 [J]. 财经论丛, 2018 (8).
[17] 顾硕. 工业软件赋能智能制造 [J]. 自动化博览, 2019, 36 (8).
[18] 许鹏辉, 金忠, 耿梦伟. 智能制造系统中的智能仓储设计 [J]. 现代制造技术与装备, 2019 (7).
[19] 付华. 基于智能制造环境的企业智能财务创新 [J]. 财会通讯, 2018 (10).
[20] 戴俊骋, 左倩, 李文姬等. 工业设计支撑智能制造发展 [J]. 中国科技信息, 2019 (5).